用文字照亮每个人的精神夜空

领读文化传媒
LiNGDU Culture & Media

微信 | 微博 | 豆瓣　领读文化

蘇東坡的星座

课本里学不到的
中国文化简史

侯印国 著

天津出版传媒集团

天津人民出版社

图书在版编目（CIP）数据

苏东坡的星座：课本里学不到的中国文化简史 / 侯印国著 . -- 天津：天津人民出版社，2024. 9. -- ISBN 978-7-201-20656-1

Ⅰ．K203-49

中国国家版本馆 CIP 数据核字第 2024SQ7412 号

苏东坡的星座：课本里学不到的中国文化简史
SUDONGPO DE XINGZUO：KEBEN LI XUEBUDAO DE ZHONGGUO WENHUA JIANSHI

出 版	天津人民出版社
出 版 人	刘锦泉
地 址	天津市和平区西康路 35 号康岳大厦
邮政编码	300051
邮购电话	（022）23332469
电子信箱	reader@tjrmcbs.com

责任编辑	李 荣
装帧设计	尚燕平

印 刷	北京金特印刷有限责任公司
经 销	新华书店
开 本	880 毫米 ×1230 毫米 1/32
印 张	9.75
字 数	177 千字
版次印次	2024 年 9 月第 1 版 2024 年 9 月第 1 次印刷
定 价	59.80 元

版权所有　侵权必究
图书如出现印装质量问题，请致电联系调换（022-23332469）

序

寻常风月，等闲谈笑，称意即相宜

最近我和侯教授各自笔耕不辍，显然我笔耕的力度不如他，我还在跟我脑海中若隐若现、时隐时现的故事对抗，他已经耕出了《风月同天》的姊妹篇，我隆重地表扬了他的勤奋，并对他的渊博和文思泉涌表示了由衷的仰慕和羡慕。

毕竟文思如泉涌和文思如痰涌之间，委实不可同日而语。

我们分头隔离在两京——南京和北京。众所周知的是，北京的饮食那叫一个乏善可陈。毫不夸张地说，半夜想豁出去点个消夜都无从挥霍。足不出户的日子里，我日常想念南京的小馄饨、小龙虾、牛肉锅贴、皮肚面、卤面，还有赤豆酒酿和各式好吃的糕团，忍不住跟侯教授说道。结果他趁机把书稿发给我，说如果我再给他写个序，他会请我吃遍南京的美食。

我这人在美食面前历来无甚风骨气节可言，当时只差没有落槌说成交，总之是无比利索地答应了。

看了文稿之后，我又气又馋，气的是知识不如他渊博，文思不如他泉涌；馋的是这本书开篇就是《吃鸭简史》，还引经据典写了各种做法的鸭！

从《饮膳正要》到《随园食单》，虽然古人的鸭料理看起来五花八门，但实际上照方复制很大概率不会好吃。因为小时候在南京吃盐水鸭吃伤了，来北京之后吃烤鸭再度吃伤了（毕竟北京为数不多拿得出手的美食就是烤鸭了吧……），所以在我个人的美食欲望清单里，鸭和鸭血粉丝汤一直排不到前列。然而！此一时彼一时，在足不出户的日子里看到"鸭"字，还是会让人"呀"一声，其诱惑堪比旧情复燃。

以鸭而论，我私心里最想吃的其实是广州的烧鸭和扬州的"三套鸭"。

广式烧腊有着他处难及的鲜厚，是味蕾不由自主会记住，继而念念不忘的味道，而扬州的"三套鸭"除了鲜美之外，最令人折服的是"庖丁解鸭"的精细讲究，家鸭、野鸭、家鸽的滋味层层叠叠，互相渗透，拆解时如同套娃，令人倍感雀跃，以至于每次吃的时候都会油然生出"腰缠万贯、富甲一方"的快乐。

岭南和江南都是因为文债如山而暂时无法抵达的美好之地。

纵不能出去自由觅食，城市也寂静蛰伏。书页间仍有翅羽扇动，带着人跨过山河，前往心许之地。我心悦于侯教授爬梳典籍的能力，那些在我眼中一闪而过的信息，在他笔下重新熠熠生辉，连缀成《游春图》和《清明上河图》那般的春日芳菲，人间烟火。

他的文字让我感到温暖。游春赏灯、斗花斗草，那些寻常生活的细节让人眼前一亮，越是在困顿的处境里，属于普通人的幸福就越显得弥足珍贵。

书不可以当饭吃，但当大家心生焦虑时，爱读书的人会多一份自娱自愈的能力，远方未可至，那就返身书斋，沉潜于字里行间，续三春花事。那些市井风光，此时看来，格外熨帖心田。

酌一杯光阴之酒，邀风请月，有些过往，其实从未告别，它们伫立在那里，身染沧桑却面目鲜洁。

风月无情人暗换。城池倾覆的动荡，改朝换代的烽烟，从不会缺乏才子史笔论著；可是那些隐匿在历史中的细节，却容易被忽略。只有那些温柔的人，才会像检点落红那样去拾起它们，将往事种入梦魂之中，开出生生不息的花来。

写《东京梦华录》的孟元老如是，写《夜航船》的张岱也是一样可亲可佩。他们和李渔、袁枚有相似,更有不同——都是坚韧而清醒的记录者,而孟、张的超拔之处是对时代的追忆和反思,超越了对自身机遇的怜悯和对生活情趣的标榜。

如果说,大事件是历史的灵魂,那么节物之丰美,人情之明丽,才是一个时代真正的肌骨和温度。

一日清欢何往,十年旧事重拈。无论你钟情哪个朝代,热爱江南还是中原,我深信能够引起人心共鸣的除了对历史的感知,还少不了那个朝代吸引人的生活方式和情致。如果不曾留心生活的细节,也就谈不到深入,所谓喜欢只是叶公好龙。

无论是唐代的长安,宋代的汴梁,明清两代的南、北两京,抑或是从古到今的苏杭,在在处处,皆有佳景。这熙攘人间,人们嬉戏游乐,总有一些欢喜和值得,历久弥新。

所谓山川异域,风月同天,正是此意。

以我的经验而言,读文史类的普及书,最舒服的感受是遇到一个品味见识高于俗流的人,如果不能是张岱的春风词笔,最起码笔触也要像高濂和顾禄一样清雅温存,才能让人如沐春风,流连忘返。

如果著者是个学究气很浓的人,自身的能力仅止于典籍的梳理和资料的堆砌,缺乏恰到好处的幽默,又没有合情合理的联想和论断,那真是让读者很受罪的事,应了那句"听君一席话,如读一本书"。

简史虽简,其义却丰,《风月同天》的好处是丰沛而从容,浅显而不浅薄,有大家小品之妙。侯教授能在旁征博引之余,让人会心一笑。譬如他谈及吃鸭的历史之余,闲闲一笔提到"鸭"所蒙受的"污名",以《水浒传》为例,将"绿头鸭"和"绿帽子"的隐秘联系委婉告知,又说到朱彝尊与鸭的轶事,暗含因果道理。此等起承转合,如落花流水涟漪不绝,却正是民俗文化流变的趣味所在。

实事求是地说,《苏东坡的星座》和《风月同天》一样好看,某些内容可谓紧跟热点又不乏深度,比如《大熊猫简史》(对应着冰墩墩热潮)。相较而言,《苏东坡的星座》切入点甚至更为新颖别致,譬如让我"啊哦"的《绿帽子简史》和《反诈骗简史》,这些内容我就不赘述了,可以负责任地说,都是在一些面目板正的著作里很难看到的。

我不算是对传统文化一无所知的人,看侯教授的书依然津津有味。在保证史料的严谨之外,他能考量到年轻读者的兴趣爱好,这是难得的。毕竟文化的熏染,是从小到大,从陌生到熟悉的过程,兴趣永远是最好的启蒙老师。

除了吃货必看的持螯吃鸭之外,我很喜欢这本书当中关于星座和假发的篇章,喜欢看到苏东坡一本正经地吐槽自己命苦是因为星座的问题,甚是恶趣味地发现从古到今的人都有发量（脱发）焦虑症，不免暗戳戳地想，实在阻止不了"秃"然袭击，备一顶假发也是明智的选择。

外卖、快递、酒吧、星座、追星都不是现代独有的东西，传承中，总有一些变与不变，细水长流。无论文化如何变迁，如何相互影响，人们都盼望生活安稳，四时丰足，万物有序；赞美风月星辰，近乎本能地热爱一切美好浪漫的事物。

近来总是想到纳兰容若那句"当时只道是寻常"，心下难免唏嘘，但他还有另一句词也很好："寻常风月，等闲谈笑，称意即相宜。"

希望读到这本书的你，心无挂碍，平安喜乐。

安意如

目 录

春游简史　"逢春不游乐，但恐是痴人"　001

古代情人节简史　"情不知所起，一往而深"　025

元宵灯会简史　"千门开锁万灯明，正月中旬动帝京"　040

古代足球简史　"绿杨深处，恣意乐追游"　057

古代冰雪运动简史　"待引鱼龙辉火树，先招鸾凤试冰嬉"　080

大熊猫简史　"如虎如貔，如熊如罴"　092

吃鸭简史　"村边处处围桑叶，水上家家养鸭儿"　105

烧烤简史　"归来献所获，炮炙宜霜天"　124

假发简史　"城中好高髻，四方高一尺"　138

古人洗澡简史　"春寒赐浴华清池，温泉水滑洗凝脂"　160

绿帽子简史	"伎女紫衣盘小髻，乐工咸着戴青巾"	187
赘婿简史	"闻道夫回频蹙额，怕郎归去不归来"	200
离婚简史	"一别两宽，各生欢喜"	208
童谣简史	"非童所为，气导之也"	221
解梦简史	"春梦随云散，飞花逐水流"	231
十二星座简史	"年年花叶炫虚空，岁月循环十二宫"	257
反诈骗简史	"我无尔诈，尔无我虞"	272

后记 /
行看流水坐看云　　　　　　　　　295

春游简史

"逢春不游乐,但恐是痴人"

《论语》里有一段经典对话,子路、曾皙、冉有、公西华侍坐,孔子问几位弟子有什么志向,曾皙说:"莫(暮)春者,春服既成,冠者五六人,童子六七人,浴乎沂,风乎舞雩,咏而归。"在暮春时节,已经穿上春日之服,带着几位成年人,再招呼几个孩童,去沂水里洗洗澡,在舞雩台上吹吹风,一路上唱着歌回来。孔子不禁感慨:"吾与点也!"

三月阳春,踏歌而行,在中国有着悠久的历史。

· 《诗经》里的春游诗篇,记录着两千多年前的爱情

暮春时节,青年男女沐浴着春风,行走水畔,抑或追逐打闹,最后交换手中的花草,在采采春水间约定相爱一

明 陈洪绶 《春风蛱蝶图》

生的誓言。这样简单而纯美的爱情故事,就记录在中国最古老而优美的诗歌典籍《诗经》之中。《国风·郑风·溱洧》便描写了郑国的少男少女们,相约在溱水和洧水边上春游。"女曰观乎?士曰既且。且往观乎!洧之外,洵讦且乐。"河水波光荡漾,女孩轻轻问男孩,"陪我去看看?"不解风情的男孩子口吐实话,"可是我已经看过了呢",女孩只好又说"那就再去一趟嘛",不好意思的男孩这时候终于鼓起了勇气,带着女孩来到岸边,不一会儿,两个年轻人就敞开心怀,互相调笑打闹起来,临别之际,男生还要送上独特的定情信物,"维士与女,伊其相谑,赠之以勺药"。郑玄解释之所以要赠花,是"结恩情也"。为什么选芍药呢?原来"药"字和"约"字同声,芍药花就代表着不变的约定。这种约定,大概就是《国风·邶风·击鼓》中"执子之手,与子偕老"之类吧。

《国风·郑风·出其东门》则是一位男子表达对所爱之人专一不二的诗,"出其东门,有女如云。虽则如云,匪我思存。缟衣綦巾,聊乐我员"。在春月,城东门见到美女如云,虽然眼前都是美女,却都不是我的心上人。我的心上人是谁呢?便是那白衣绿巾的姑娘。这首诗古人都以为是"闵乱"或者"淫奔",直到清代学者考证,才确定是春日士女出游时,男子对心上女子的内心独白。姚际恒《诗经通论》说:"小序谓'闵乱',诗绝无此意。按郑国春月,士女出游,士人见之,自言无所系思,而室家聊足与娱乐也。"

三月的水滨聚会,与洗濯去垢、消除不祥的祓禊仪式有关,《周礼》记载:"女巫掌岁时祓除、衅浴。"东汉郑玄注云:"岁时祓除,如今三月上巳如水上之类。衅浴,谓以香熏草药沐浴。"但对于先秦的青年男女来说,这一时节无疑是最浪漫的情人节。这种浪漫绵延千年,当我们读到唐代韦庄的

明 仇英 《春山吟赏图》

《思帝乡》:"春日游,杏花吹满头。陌上谁家年少,足风流。妾拟将身嫁与,一生休。纵被无情弃,不能羞"这样的诗句,自然也会会心一笑。

·魏晋风流:春游写下天下第一行书

春日三月水边的祓禊,逐渐成为"上巳"节,选择在三月上旬的巳日,汉代以后固定在三月三日,魏晋以后人们往往在这一天"流觞曲水",在春游宴会中,把酒杯放在弯弯曲曲的水中顺水漂流,酒杯停在谁的面前,谁就取杯喝酒。这一典故的起源,当时的人们也觉得好奇,《续齐谐记》中记载,晋武帝问尚书挚虞:"三月三日曲水,其义何旨?"挚虞回答说汉代有个叫徐肇的人,三月初生了三个女儿,三天后全都死掉了,全村都认为不祥,于是一起到水边盥洗,"因流以滥觞,曲水议,盖自此矣"。晋武帝听了便说,要这么说的话,这流觞曲水也不是什么好事啊。尚书郎束皙马上接话:"挚虞小生,不足以知此。臣请说其始。"他告诉武帝,当年周公营建成周洛邑(今河南洛阳),就曾在流水上泛酒,所以有未曾收入《诗经》的逸诗:"羽觞随波流。"说完这个西周初年的古老典故,他又说了一个秦昭王时期的故事,秦昭王三月上巳在河曲饮酒,有金人从东方而来,献上宝剑"水

明 文徵明 《兰亭修禊图》

心剑",预言秦国将会崛起。等到后来秦国称霸,便在这里建立了曲水祠。两汉延续,便成了重要的节日。晋武帝听了大为高兴,不仅称"善",还赏赐给他一大笔钱,升他做了阳城令。

《世说新语》里有个"罚酒三升,得诗一句"的故事,发生在东晋永和九年(353)的上巳,郝隆当时是桓温的南蛮参军,这天宾客大会,约定作诗不成者罚酒三升,而隆只得诗一句而已。这一天,在会稽山阴之兰亭,还有另一场禊饮正在进行,这是中国历史上最有名的一次修禊集会,参与者包括王羲之、谢安、孙绰、支遁法师等四十一人,大家临流赋诗,再由王羲之写成序文,这便是《兰亭集序》。这篇序文内容本就高妙,书法更为后世所重,唐代以后,人们便视其为天下第一行书。《兰亭集序》真迹已不知所终,有记载称随唐太宗下葬昭陵。现存最为珍贵的是唐代摹本,可以分为两个系统，一是褚遂良摹本，存世据传为褚遂良、虞世南、冯承素等墨迹摹本等都属于此系统，其中冯承素摹本被称为"神龙本"，一般认为最接近原作；另一个系统是欧阳询摹本，刻帖"定武本"便是源出欧本，是目前存世最佳的石刻帖本。

· 唐：有人斗花，还有人"遛花"

　　帝王在这一天也会组织宴会，北方后赵的石虎在邺城组织"临水会"，而南齐武帝曾在都城建康（今江苏南京）的芳林园"禊饮群臣"，宋文帝则"禊饮于乐游苑"。据唐代《辇下岁时记》记载，三月上巳这天，皇帝会在曲江赐宴群臣，此时"倾都人物，于江头禊饮踏青"。从南北朝到唐代，三月春游是士女们一年中最重要的游乐活动，白居易六十五岁写诗，表示年纪大了更要好好春游，"逢春不游乐，但恐是痴人"。但要论唐代最有名的春游人物，莫过于杨贵妃姐妹。杜甫《丽人行》开篇便写道："三月三日天气新，长安水边多丽人。"城南曲江，长安士女都来游玩踏青，其中有几位气势非凡，"态浓意远淑且真，肌理细腻骨肉匀。绣罗衣裳照暮春，蹙金孔雀银麒麟"，他们正是后妃的亲戚，尤其是虢国和秦国二位夫人。天宝七载（748），唐玄宗赐封杨贵妃

北宋 赵佶摹张萱 《虢国夫人游春图》

之大姐为韩国夫人、三姐为虢国夫人、八姐为秦国夫人。这些夫人游春，气势自然不同，她们的修禊盛筵上，"紫驼之峰出翠釜，水精之盘行素鳞"，驼峰、白鳞鱼之类的珍品佳肴一一在列，但夫人们也懒得动筷子，让厨师白忙活一场。杜甫的诗其实是在讽刺杨氏的骄纵，"无一刺讥语，描摹处语语刺讥；无一慨叹声，点逗处声声慨叹"。

唐代画家张萱的《虢国夫人游春图》，描绘的正是同样的情景，天宝十一年（752），杨贵妃三姐虢国夫人、八姐秦国夫人及其眷从盛装出游，画面中右起第四、第五人便是两

位夫人，双手握缰的是虢国夫人，着淡青窄袖上衣，披白色花巾，穿描金团花胭脂色大裙，高髻低垂，体态自若。在她左侧并辔而行的是秦国夫人，装束相仿，但衣裙颜色不同。

唐代天宝年间，士女还有个独特的习俗叫作斗花，"天宝中，长安士女春时斗花，以奇多者为胜，皆以千金市花，植于中庭，为探春之燕"。大家不仅春游赏花，还要比较谁家有珍奇花卉，很多人不惜花费千金提前购买名花，种在自家院子里，好在斗花时一举获胜。据《开元天宝遗事》，当时为了斗花，甚至发明出一种可以移动的花盆，叫作"移春槛"，就是将奇花异草移栽到槛内，再在下方装上轮子，出门时候用绳子牵着走。今天很多人会遛狗、遛猫乃至遛宠物猪、遛羊驼，但和遛花的唐人比起来，又显得缺了一些想象力了。

这个"槛"具体长什么样子呢？我认为其实就是栏车，也就是今天我们说的婴儿车，古代也叫摇车，《红楼梦》里说"摇车里的爷爷，拄拐的孙孙"，便是此物。栏车有带轮和不带轮两种，前者略似摇篮，后者样式和今天的手推婴儿车差不多。这种车在唐代敦煌石窟的壁画中可以看到图像，例如莫高窟156窟（晚唐）前室窟顶北侧的《父母恩重经变》中就有一位母亲推着带轮子的婴儿车的画面。类似的图像在449窟东壁、170窟北壁的经变图中都可以看到。栏车原本是用来安置孩子或者带着孩子出门的，唐人创造性地用它来"遛花"。虽然很多人觉得"移春槛"很浪漫，但也有人觉得这样折腾大可不必。黄庭坚就写过一首《孙不愚引开元故事请为移春槛因而赠答》，首句便说"南陌东城处处春，不须移槛损天真"。

· 宋：早春郊游，属于市民的春日浪漫

唐代中期，上巳、清明、寒食这几个时间接近的节日逐

清 吕焕成 《春夜宴桃李园图》

渐融合。也是从唐代开始，人们也不再等到三月暮春才开始春游，正月十五观灯结束，便迎来了早春的郊游，称之为"探春"。唐代孟郊《长安早春》诗："公子醉未起，美人争探春。"五代王仁裕《开元天宝遗事·探春》："都人士女，每至正月半后，各乘车跨马，供帐于园圃，或郊野中，为探春之宴。"

两宋之际孟元老的《东京梦华录》载："收灯毕，都人争先出城探春"，之后又对这一时节的市民春游有一段诗意的描写，大意为：随着春光渐盛，春天的印记逐渐遍布大地，和煦的春光照耀，各种花朵争先开放于园林的粉墙之外，杨柳抽出细细的新芽斜笼于郊外的道路上。车轮缓缓碾过春光，大地上芳草如茵。拉车的马匹在春天轻轻嘶鸣，路边绽放的杏花，编织成一片锦绣。莺儿在刚刚长出嫩叶的大树间愉快地鸣叫，燕子在春风和煦的晴空中自由飞舞。漂亮的女子在亭台楼阁的高处抚琴奏乐，俊朗的男子在画桥流水之间随意歌唱。抬眼看，有姑娘在秋千上来回荡漾，笑容满面；四处望，有人在开心地玩着蹴鞠，无拘无束。早春郊游时寻找最美的风景，路边的花絮时不时掉进你的酒杯。回来的路上，头上插着的绿叶鲜花，把那些蜂蝶也都吸引过来，悄悄跟着你的归骑飞舞。

而到了三月初，自然又是一番春游，此时金明池、金水河、琼林苑等皇家园林都允许市民游览，皇帝也会御驾前来

北宋 赵佶 《文会图》

观赏,在金明池观看水军演习。元丰年间之后,这时节会开放赌博。于是在路边搭起彩色帷幕,里面摆放着珍玉、奇玩、匹帛、日常用品、茶酒器物等,吸引人来玩关扑(一种赌博游戏)。金明池水军演习结束之后,富贵人家就把自家的船只驶入池中,挂上紫色帷帐,带着自己家的乐人纵情游湖。宣和、政和年间,金明池也有专门出租大小船只的,普通百姓都可以租船来游湖。

清明节扫墓,人们也会借机游览,"四野如市,往往就芳树之下,或园囿之间,罗列杯盘,互相劝酬。都城之歌儿舞女,遍满园亭,抵暮而归"。蹴鞠、秋千、风筝之类,也都是这一时节的重要游乐活动。著名的《清明》诗说:"无花无酒过清明,兴味萧然似野僧",要理解当时清明节普通人的热闹春游,才能更加读懂他这种"热闹都属于别人"的诗意。

赏花是春游的主题。苏轼被贬黄州,每年都在这个时节守着一株海棠花。而此时的都城开封,遍地花开烂漫,牡丹、芍药、棣棠、木香等新奇花卉都纷纷上市了,卖花人带着马头竹篮,里面铺开各色鲜花,唱着清新悦耳的卖花吆喝,供游人挑选。京城处处锦绣,放眼望去,一片花海。御街上香气氤氲,乐声阵阵,响遏行云,各条大路车水马龙。街两侧到处都是商家和艺人的彩棚。亭台都装饰着绫罗绸缎和翠玉

明 仇英 《春游晚归图》

南宋 佚名 《万花春睡图》

宝石，楼阁都配上大红的柱子和精致的绘画，家家户户，都好像神仙洞府一样。百姓们纵情游览，街上车马数以万计。南宋周密《武林旧事》卷十中收录的《张约斋赏心乐事并序》，在春天便有"玉照堂赏梅""丛奎阁赏山茶""湖山寻梅""揽月桥看新柳"（以上正月），"现乐堂赏瑞香""玉照堂西赏绁梅""玉照堂东赏红梅""餐霞轩看樱桃花""杏花庄赏杏花""绮互亭赏千叶茶花""马塍看花"（以上二月），"花院观月季""花院观桃柳""清明踏青郊行（陈刻'游'）""苍寒堂西赏绯碧桃""满霜亭北观棣棠""斗春堂赏牡丹芍药""芳草亭观草""宜雨亭赏千叶海棠""宜雨亭北观黄蔷薇""花院赏紫牡丹""艳香馆观林檎花""现乐堂观大花""瀛峦胜处赏山茶""群仙绘幅楼下赏芍药"（以上三月）等二十多种与赏花相关的"赏心悦事"，占了春天所有"赏心悦事"的三分之二。朱熹的《春日》诗说："等闲识得东风面，万紫千红总是春"，字面所写，正是春游赏花、胜日寻芳，但朱熹从春游中更提炼出一番治学的心得，万紫千红在他的心目中象征着圣人之道的渐入佳境。

· 陆游的一生所爱与春游情缘

在古代所有的春游与爱情的故事中，大概陆游与唐琬的故事最让人黯然神伤。根据刘克庄《后村诗话》续集卷二、周密《齐东野语》卷一及陈鹄《耆旧续闻》卷十记载，约在绍兴十四年（1144），20岁的陆游娶唐琬为妻。他们本是一对神仙眷侣，"琴瑟甚和，而不当母夫人意"，为陆游母亲所

明 仇英 《游船图》

逼,被迫离异,"既出而未忍绝之,则为别馆,时时往焉。姑知而掩之,虽先知掣去,然事不得隐,竟绝之,亦人伦之变也"。之后唐琬改适赵士程。大约绍兴二十二年(1152),陆游春日出游沈园,见到了唐琬、赵士程夫妇,"唐以语赵,遣致酒肴",陆游大为伤怀,怅然久之,题壁写下著名的《钗头凤》:"红酥手,黄縢酒,满城春色宫墙柳。东风恶,欢情薄,一怀愁绪,几年离索。错、错、错!春如旧,人空瘦,泪痕红浥鲛绡透。桃花落,闲池阁,山盟虽在,锦书难托。莫、莫、莫!"唐琬后来看到这首词,又追和一首:"世情薄,人情恶,雨送黄昏花易落。晓风干,泪痕残。欲笺心事,独语斜阑。难!难!难!人成各,今非昨,病魂常似秋千索。角声寒,夜阑珊。怕人寻问,咽泪装欢。瞒!瞒!瞒!"写出自己的无尽思念,她忧思成疾,不久便怏怏而卒。这一年陆游31岁。

20岁的陆游与唐琬新婚时,曾写过《菊枕》,淳熙十四年(1187),63岁的他又采菊做枕,并写了两首诗,其中有句云:"唤回四十三年梦,灯暗无人说断肠""人间万事消磨尽,只有清香似旧时",所思念的正是四十三年前的美好。

而从31岁那次春游偶遇后,春游沈园便成了陆游既魂牵梦萦又却步不前的一个地方,直到四十年后,绍熙三年(1192),68岁的陆游秋日再回沈园,写下《禹迹寺南有沈氏小园,四十年前尝题小阕壁间,偶复一到,而园已易主,刻小阕于石,读之怅然》:"枫叶初丹槲叶黄,河阳愁鬓怯新霜。林亭感旧空回首,泉路凭谁说断肠!坏壁醉题尘漠漠,断云幽梦事茫茫。年来妄念消除尽,回向禅龛一炷香!"此时沈园已经改换了主人。近四十年的生死两隔,当年酒后醉题的

南宋 马远 《山径春行图》

《钗头凤》却又被人刻石留存,年少时候的故事便如同断云幽梦,无处再话凄凉。清代诗人陈衍评价此诗:"古今断肠之作,无如此前后三首者。"所谓的前后三首,还有两首便是庆元五年(1199)陆游75岁这年的春天,再次春游沈园时写下的《沈园》二首,其一云:"城上斜阳画角哀,沈园非复旧池台。伤心桥下春波绿,曾是惊鸿照影来。"其二云:"梦断香销四十年,沈园柳老不吹绵。此身行作稽山土,犹吊遗踪一泫然。"此时唐琬逝世已经四十四年,最爱的那个人梦断香消,沈园也早已人物俱非,但桥下春水,曾是惊鸿照影,映照过她的倩影,却始终无法被时光抹去。陈衍评价说:"无此绝等伤心之事,亦无此绝等伤心之诗。就百年论,谁愿有此事?就千秋论,不可无此诗。"

开禧元年(1205),陆游81岁,此时的他已经身体孱弱,这年冬天,他在梦境里又来到了春日的沈园,醒来后写下《十二月二日夜梦游沈氏园亭》二首,其一云:"路近城南已怕行,沈家园里更伤情。香穿客袖梅花在,绿蘸寺桥春水生。"其二云:"城南小陌又逢春,只见梅花不见人。玉骨久成泉下土,墨痕犹锁壁间尘。"梦里他再一次走过春天的城南小路,梅花开得正好,当年题写《钗头凤》的墨迹在壁间尘土中影影绰绰,却看不到自己最思念的那个人。嘉定元年(1208),84岁的陆游或许感到大限将至,他最后一次来到沈园，写下《春游》四首，最后一首云："沈家园里花如锦，半是当年识放翁。也信美人终作土，不堪幽梦太匆匆。"问世间情为何物，直教人生死相许，对他来说，一生思念恍如白驹过隙，当年唐琬的音容笑貌，宛在眼前。但这一切，只是太匆匆的少年幽梦。这是他为唐琬写下的最后一首诗。第二年，嘉定二年（1209）十二月二十九日，85岁的陆游带着对唐琬的一生思念，永远离开了人间。在另一个世界里，或许他们会携手春游，永不分开。

·明清：有人带着馄饨摊儿去赏花

明清时期，春游依旧形式众多。明谢肇淛《五杂俎》中记载北方人清明哭声阵阵，但"南人借祭墓为踏青游戏之具，纸钱未灰，舄履相错，日暮，墦间主客无不颓然醉倒"。清代潘荣陛《帝京岁时纪胜》中记载当时北京人会在三月初的几天里游览蟠桃宫，"都人治酌呼从，联镳飞鞚，游览于此。长堤纵马，飞花箭洒绿杨坡；夹岸联舻，醉酒人眠芳草地"。清明扫墓后，南京人则更愿意去赏春喝茶。夏仁虎《岁华忆语》中说："上巳湔裓之习，废已久矣。人家率于是日诣雨花台永宁泉品茗为乐。泉水清冽，足湔烦渴。往往谈笑竟日，看夕阳而归。"

宋 佚名 《春游晚归图》

无论何时，春日郊游赏花都是人们内心无法平息的冲动。在明清笔记中有不少春日赏花的趣事。沈复的《浮生六记》里写道："苏城有南园、北园三处，菜花黄时，苦无酒家小饮。携盒而往，对花冷饮，殊无意味。"有花的地方没有酒家，自己带着冷菜冷酒又觉得没有意味，如何才能对花热饮呢？沈复的妻子芸娘笑曰："明日但各出杖头钱，我自担炉火来。"等同伴们离开，沈复问芸娘，你难道真要自己挑着炉火吗？芸娘的答案可谓"前方高能"，她说："非也，妾见市中卖馄饨者，其担锅、灶无不备，盍雇之而往？妾先烹调端整，到彼处再一下锅，茶酒两便。"第二天他们真的花了一百钱雇了一位街头卖馄饨的一起去赏花，"先烹茗，饮毕，然后暖酒烹肴。是时风和日丽，遍地黄金，青衫红袖，越阡度陌，蝶蜂乱飞，令人不饮自醉。既而酒肴俱熟，坐地大嚼，担者颇不俗，拉与同饮。游人见之莫不羡为奇想。杯盘狼藉，各已陶然，或坐或卧，或歌或啸"，可谓洒脱非常。

古代情人节简史

"情不知所起，一往而深"

据说今天流行的情人节原本是个悲剧故事，但现在早已成为代表爱与浪漫的日子，并在商业的推波助澜下成为文化工业的一道景观。人们还与时俱进地创造出了许多不同内涵的情人节，例如3月14日的白色情人节、5月20日和5月21日的网络情人节之类，520既然是"我爱你"的谐音，想来是中国网友的发明。

一朝风月、万古长空，虽然从时间的长河而言，每个人的爱恨别离只是一瞬间的波澜，但就个体来说，少年情事，往往是一个人一生之中最难以忘却的羁绊；从历史而言，对于爱情的憧憬和歌颂延绵相传，无论是《诗经》中"思无邪"的时代，还是唐宋诗词以至于明清小说，哪怕是在最重礼教的年代，也不会有人怀疑"情"之一字动人心魄的魅力。佛家《楞严经》云:"汝爱我心,我怜汝色,以是因缘经百千劫常在缠缚。"汤显祖《牡丹亭》的题记说:"情不知所起,一往而深。生者可以死,死可以生。"可见古人的感情世界与今天的我们也并无不同,甚至可能有更加简单而纯粹的爱情,以至于让不少厌倦了快节奏生活乃至快节奏爱情的当代人,感慨"从前慢"。喧闹而商业化的情人节恰是一种隐喻,昭示着现代爱情中涌现的商业性。

中国古代并没有严格意义上以爱情为主题的节日,但有一些节日为青年男女邂逅相恋提供了舞台,自古以来,无数爱情故事在这些节日里上演,自然也可以被解读为中国的情人节。

· 上巳:春日的浪漫邂逅

中国古代节日中最具有情人节气质的不是"坐看牵牛织女星"的七夕,也不是"花市灯如昼"的元宵,而是三月上巳节。

上巳的起源极为古老,传说中周武王的弟弟周公所撰写的《周礼》中,记载"女巫掌岁时祓除、衅浴",东汉郑玄注云:"岁时祓除,如今三月上巳如水上之类。衅浴,谓以香熏草药沐浴。"女巫是一种官职,所谓的"岁时祓除",就是通过祓禊这种仪式，除去邪疾，是一种来历久远的祭祀。所谓的"衅浴"，就是熏浴，是用香熏草药煮水来沐浴。这个仪式的主要内容，实际上就是将人们聚集到水边沐浴。有一部分民俗学者研究认为，这一仪式的缘起，其实是春日男女在水边相欢、女性祝水乞孕，本质上是一种大型相亲活动。这是很有道理的，在一些少数民族中还保留有这样原始的风俗，包括至今风行的泼水节，也是类似习俗的变体。

无论如何，至少在《诗经》的时代，上巳已经成为男女春日邂逅和表达爱意的日子了。不管这个节日原本的意义是宗教还是乞孕，至少在周代，三月便是爱情的春天。《国风·郑风·溱洧》所描写的，就是三月上巳，在郑国的溱水和洧水边，两位青年男女表达爱意、携手游春的故事。诗歌的开头说："溱与洧，方涣涣兮。士与女，方秉蕳兮"，溱水和洧水经过冬天的冰冻，在这个美好的春日刚刚化冻，河水欢快地奔流。男孩和女孩，手里拿着蕳草（一种兰草），显然是来参加岁时祓除的仪式。但这仪式不过是相会的借口，一个女孩在人群中，看中了一个男孩，她非常主动地上前邀约，"女曰观乎？士曰既且"，女孩上前搭话，说我们去河边走走，去看看那春天的流水呀？或许是幸福来得太突然，这个有点"直男"的男孩甚至没有反应过来，居然傻傻回答说："我已经去看过啦！"好在女孩看出了他的窘迫，"且往观乎，洧之外，洵訏且乐"，她继续说："再陪我去看看吧，洧水对岸，现在正是春意洋洋"，于是男孩跟着女孩来到河边，他们携手同游，很快彼此了解，打闹嬉戏，互相认可，"维士与女，伊其相谑，赠之以勺药"，他们的相识相恋朴素而自然，自由自在，无拘无束，欢乐的时光短暂，在分开的时候，男孩给女孩送上芍药花。在先秦时期，"药"字和"约"字发音相同，芍药花就代表着他们爱情的约定。《郑笺》："其别则送女以勺药，结恩情也。"从最初的蕳草到最后的芍药，爱情就在这个春天如此美好地降临。如果我们带着镜头穿越回先秦的这个上巳，找到两千多年前的这对恋人，我们拍摄的短片中，肯定会有奔流的溱水和洧水，有祭祀的仪式，有打闹的青年男女，有他们质朴可爱的对话，但结尾的画面，大概就会聚焦在这朵芍药花上吧。

  这首诗中没有写到这对恋人的后续，但我一直毫无道理地相信，《国风·唐风·绸缪》中的描写，就是他们的结局。"绸缪束薪，三星在天。今夕何夕，见此良人？子兮子兮，如此良人何？"这是在婚礼之后的晚上，新娘看着躺在身边的新郎（良人），满心欢喜地想："这是一个如何美好的夜，让他这样美好的人就在我的身边？想要问你啊，我要怎样才能爱够你呢？"而新郎也在想："今夕何夕，见此粲者？子兮子兮，如此粲者何？"粲者是美貌的人，就是新娘，但我总能想象一个画面，新郎偷偷打量着自己新婚的妻子，她被看得有点害羞，粲然一笑，画面就此定格。

在周代，男女春日邂逅被写进了法律，《周礼》中说："中春之月，令会男女。于是时也，奔者不禁。若无故而不用令者，罚之。司男女之无夫家者而会之。"大概意思就是说，在仲春时节，令男女成婚。这个时候，如果有青年男女私奔，也不加禁止。如果应该嫁娶而无故不嫁娶的，就要处罚。有男女过了年龄还未成婚的，要了解他们的情况和困难，进而帮助他们成婚。上巳节男女相约的习俗持续了非常长的时间，《艺文类聚》引《夏仲御别传》说，晋代的洛阳，"到三月三日，洛中公王以下，莫不方轨连轸，并至南浮桥边禊，男则朱服耀路，女则锦绮粲烂"，男女都精心打扮，期待邂逅属于自己的爱情。到了唐代的上巳，"倾都人物，于江头禊饮踏青"，从南北朝到唐代，三月春游是士女们一年中最重要的游乐活动。直到唐代中期以后，上巳节的传统才在中国慢慢消失。

· 元宵：金吾不禁夜

上巳的习俗在唐代渐渐淡去，取而代之的爱情节日是元宵节。正所谓"月上柳梢头，人约黄昏后"，唐代以后，由佛教燃灯仪式演变而来的元宵灯会成为全民习俗，元宵前后，没有宵禁，男女老少都可以尽情出游，青年男女就有了邂逅的机会，很多爱情故事由此萌芽。

所谓的宵禁，就是夜晚禁止出门，从先秦开始，中国一直延续着宵禁的政策，唐代也是如此，掌管京城警卫的金吾禁止夜行，私自夜出被抓到的后果非常凄惨。但只有在元宵前后三天，允许百姓夜游，这就是所谓的"放夜"，唐代韦述的《西都杂记》中说："西都京城街衢，有执金吾晓暝传呼，以禁夜行。唯正月十五夜，敕许弛禁，前后各一日。"这天的街道无比热闹，从武则天时期宰相苏味道（苏东坡的老祖宗）咏神都洛阳城元宵夜的《正月十五夜》诗中就可以看到当时的情景："火树银花合，星桥铁锁开。暗尘随马去，明月逐人来。游伎皆秾李，行歌尽落梅。金吾不禁夜，玉漏莫相催。"《大唐新语》卷八中记录了这首诗的背景，"神龙之际，京城正月望日，盛饰灯影之会。金吾弛禁，特许夜行。贵游戚属，及下隶工贾，无不夜游。车马喧阗，人不得顾。王主之家，马上作乐，以相夸竞。文士皆赋诗一章，以纪其事。作者数百人，惟中书侍郎苏味道、吏部员外郭利贞、殿中侍御史崔液三人为绝唱"。武则天神龙年间，洛阳灯会繁盛，无论是贵族官员，还是普通百姓，无不夜游。街道观灯者人潮涌动，当时有数百人写诗描述这一盛景，只有苏味道等三人的诗最为出色。

元宵节的"金吾不禁",给了青年男女们相会的舞台,于是便有了不少浪漫邂逅的爱情。著名的典故"破镜重圆"出自唐代孟棨《本事诗》,便是和元宵节有关的故事,说陈朝被隋朝灭亡时,陈朝太子舍人徐德言和他的妻子乐昌公主(陈后主陈叔宝的妹妹)遭遇离别,他们将一面镜子一分为二,相约"他日必以正月望日卖于都市,我当在,即以是日访之"。也就是每年正月十五元宵节这天,要拿着半面镜子在京城售卖,以此方法相认相聚。后来乐昌公主流落到隋朝大臣杨素家中,得到宠幸,而徐德言历经磨难,也终于来到京城,正月十五这天,"访于都市。有苍头卖半镜者,大高其价,人皆笑之。德言直引至其居,设食,具言其故,出半镜以合之",于是写下一首诗:"镜与人俱去,镜归人不归。无复嫦娥影,空留明月辉。"乐昌公主看到仆人带回的这首诗,难过不已,杨素看到她的异常后,了解了事情的始末,于是就将乐昌公主送回到徐德言的身边。两人最后终老江南。

宋代元宵节的爱情,我们从两首大家耳熟能详的宋词中就能有深切的感受。一首是欧阳修的《生查子·元夕》:"去年元夜时,花市灯如昼。月上柳梢头,人约黄昏后。今年元夜时,月与灯依旧。不见去年人,泪湿春衫袖",前一年的元宵节,两人相约于月儿升起在柳树梢头的黄昏时分,到了今年的元宵节,花市灯光一如去年,璀璨的灯光还是把夜色映照得跟白天一样，但去年相约的人再也不会来了。另一首是辛弃疾的《青玉案·元夕》："东风夜放花千树。更吹落、星如雨。宝马雕车香满路，凤箫声动，玉壶光转，一夜鱼龙舞。蛾儿雪柳黄金缕，笑语盈盈暗香去。众里寻他千百度，蓦然回首，那人却在、灯火阑珊处。"词的最后一句，写的正是我在人群中寻找她千百回，猛然回头，不经意间却在灯火零落之处发现了她。唐宋之类的诗词数量极多，这里难以一一罗列。

宋元以来的话本小说，所描写的爱情故事有不少就发生在元宵节，例如《张生彩鸾灯传》，讲的是越州少年张舜美在元宵节观灯，看到一个丫鬟挑着一盏彩鸾灯，后面是一位美貌少女，便上前搭讪，美女赠给他一个题着一首《如梦令》词的方胜（叠成正方形的纸笺），约他第二天在十官巷家中相会。张舜美依约前往，两人情投意合，约定一起私奔去镇江生活。结果出门后在闹市不小心被人潮挤散，张生苦苦寻觅的时候，在码头发现女子的绣花鞋，同时大家都在传说，十官巷刘家小娘子溺水而亡。张生误以为女子已死，含悲离去。而这个女子其实没死，故意遗留绣花鞋，是为了怕家人来追寻，她一个人到镇江，发现张生没有如约而来，悲伤之余，准备投水自尽，却被一个尼姑救下，从此在大悲庵生活。后来张生进京应试，路过大悲庵，两人偶遇才得以团圆。

·七夕：被现代人构建出的古代情人节

提到古代情人节，很多人第一印象便是七夕，这当然是因为七夕的背后，有个家喻户晓的爱情故事。但古人从来不把七夕作为纪念爱情的节日来过，七夕风俗中也没有纪念牛郎织女这一项，更没有男女青年在这天相会恋爱。今天的人们更多是根据牛郎织女的爱情故事，想当然地认为这天是古人致敬爱情的日子。此外社会上抵制西方节日的风气中，可能需要为情人节找到一个本土的替代，这加速了人们把七夕作为中国情人节的建构过程。当然，虽然古代的七夕节和情人节没什么关系，但风俗总是在变化，今天的人们愿意在七夕分享爱情的浪漫仪式感，将之作为情人节也未尝不可。

牛郎和织女的故事由来已久，但也有一个发展变化的过程。我在《风月同天：古代文化变迁中的细节》一书中有一篇《牛郎织女简史》，专门讨论过这个问题，这里不再展开，只是简单谈一下这个故事的演变过程：牛郎织女本是天上的星辰，最早对它们的描述，是先民星辰崇拜的一种体现，大约在战国时期，已经开始有了牛郎织女相爱的传说，湖北云梦睡虎地秦墓出土的战国竹简，就有牵牛娶织女的记载。东汉末年和三国初期，已经出现了不少关于两人爱情的描述，尤其以《古诗十九首》中的《迢迢牵牛星》最为有名，牛郎织女隔着银河不能团聚的故事,已经成了有情人不能相见的典故。将他们的爱情和七夕联系起来,则是南北朝时期的事情,《荆楚岁时记》中便说:"七月七日,为牵牛织女聚会之夜。"到了明清时期,牛郎织女的爱情故事成为小说戏曲的主题,也越来越世俗化。我们今天熟悉的牛郎织女的故事,则是现当代著名作家叶圣陶改写的,和明清流行的传说又有了很大的不同。

· 中国古代的爱神

　　说到了情人节,我们顺便聊一聊古代的爱神。古代有不少神仙的职责与人间情爱相关,其中分管男女姻缘的,有月老、合和二仙和月光菩萨;分管同性相爱的,则有兔神。
　　"月下老人"的故事出自唐代李复言《续幽怪录》中的《定婚店》,故事说贞观年间,杜陵(今西安东南一带)有个大龄单身男青年叫韦固,每天就想结婚,但一直找不到对象,有次路过宋城(今商丘一带),住在城南一家旅店。有人给他介绍了一个大家闺秀,让他第二天去龙兴寺门跟对方的家人见面。他去赴约的时候,斜月尚明,他看到寺庙门口"有老人倚巾囊,坐于阶上,向月检书"。他去瞅人家的书,发现一个字都不认识,于是他和老人搭讪,原来老人并非世间之人，而是"主天下之婚牍"的幽冥之人。他的袋子里有条红绳子，"以系夫妻之足，及其生，则潜用相系。虽仇敌之家，贵贱悬隔，天涯从宦，吴楚异乡，此绳一系，终不可逭"。韦固问他自己和这个大家闺秀有无姻缘，月下老人断然否定，说你的老婆此刻才三岁，要等到她十七岁你们才会结婚，并且表示你和这个三岁孩子是红绳已经绑定了的。

韦固便询问自己这命中注定的老婆在哪，月老倒也不隐瞒，说可不就是附近那家卖菜老太的女儿么，第二天韦固跑到菜市场一看，有个瞎了一只眼睛的老太，抱着一个奇丑无比的小女孩，月老指着这个丑女跟韦固说："看，这就是你老婆。"韦固气得半死，当时就问能不能杀了这个小女孩，月老说以后有大富贵，哪里可以杀呢？说完就不见了。韦固不听，自己偷偷磨刀，跟自己的仆人说，我身边最能干的就是你了，你拿着这把刀把那个奇丑无比的小女孩杀了，我给你一万钱。仆人忠心耿耿，第二天拿着刀就奔向菜场杀人，老太抱着女儿狂奔，勉强躲过一劫。韦固问仆人杀掉小女孩没有，仆人说我准备一刀捅她心脏，但好像只伤到了眉毛。韦固泄恨完毕，也没有追究，自己继续到处找老婆，无一如愿。

十四年后，韦固做了个小官，能力出众。他的领导很是赏识，就把自己的侄女许配给他。这个女孩子十六七岁，花容月貌，让他无比满意，就是眉间常贴着一个花钿，哪怕洗澡的时候都不取下来，韦固很诧异，忍了一年多终于忍不住，逼问到底是什么原因。妻子哭着说，当年父亲是宋城县的长官，死在任上，我那时只有三岁，和乳母相依为命，乳母只能靠摆蔬菜摊维持生计，为了照顾我，只能每天抱着我去市场。有天突然冒出来一个狂贼，竟拿刀就要杀人，乳母抱着我死命奔逃，我还是被砍伤了眉头，伤痕至今都在，所以用花钿遮掩。这件事过去七八年之后，我的叔父才找到我，把我当成自己的女儿抚养。韦固听完大为震惊，脱口问："你的乳母是不是瞎了一只眼睛？"妻子诧异地说："对啊，你怎么会知道？"韦固就把当年的事情和盘托出。两人后来感情稳固，生了个孩子叫韦鲲，官做到雁门太守，给自己母亲争取了诰命。后来宋城的官员知道了这件事，就把当年韦固住的旅店题名叫"定婚店"。

自从这个故事流行以后，月老、红线就成了婚姻的典故，史不绝书。《红楼梦》第五十七回，薛姨妈就跟林黛玉和薛宝钗说："我的儿，你们女孩家那里知道，自古道'千里姻缘一线牵'。管姻缘的有一位月下老人，预先注定，暗里只用一根红丝把这两个人的脚绊住，凭你两家隔着海，隔着国，有世仇的，也终久有机会作了夫妇。这一件事都是出人意料之外，凭父母本人都愿意了，或是年年在一处的，以为是定了的亲事，若月下老人不用红线拴的，再不能到一处。比如你姐妹两个的婚姻，此刻也不知在眼前，也不知在山南海北呢。"

合和二仙据说就是唐代天台高僧寒山、拾得。古代有很多合和二仙的图像便是两个僧人的形象。两个和尚为何会演变成管婚姻的神仙，学术界有不少讨论，但因为民间信仰中资料的缺失，很多细节还不太清楚。但寒山、拾得的一段对话，很能看到一种"和"的意味。"昔日寒山禅师问拾得曰：'世间谤我、欺我、辱我、笑我、轻我、贱我、恶我、骗我，如何处治乎？'拾得云：'只是忍他、让他、由他、避他、耐他、敬他、不要理他，再待几年你且看他。'"大概两人的形象，从和到合，逐渐转换为爱情之合，也就是所谓的天作之合。民间还有一种和合二仙的图像，是蓬头、笑面、赤脚的小孩模样，一个持荷花，一个捧圆盒，是取合、和的谐音。

月光菩萨是佛教月神和中国文化融合后，成为民间信仰的月神。传说月光菩萨诞辰是八月十五日，正是一年月圆之时。古代男女青年经常拜月祈祷或者向月许愿，所以月神也就成了一部分人的爱神。元代关汉卿创作的杂剧《拜月亭》，写的是大家闺秀王瑞兰和秀才蒋世隆悲欢离合的爱情，故事情节就和拜月大有关联。

清代以后还有主管男男同性爱情的兔儿神，最初兴起于

明 王问 《和合二仙图》

男风最盛的福建。据清代才子袁枚的《子不语》卷十九记载："国初，御史某年少科第，巡按福建。有胡天保者爱其貌美，每升舆坐堂，必伺而睨之。巡按心以为疑，卒不解其故，胥吏亦不敢言。居亡何，巡按巡他邑，胡竟偕往，阴伏厕所窥其臀。巡按愈疑，召问之。初犹不言，加以三木，乃云：'实见大人美貌，心不能忘，明知天上桂，岂为凡鸟所集，然神魂飘荡，不觉无礼至此。'巡按大怒，毙其命于枯木之下。逾月，胡托梦于其里人曰：'我以非礼之心干犯贵人，死固当，然毕竟是一片爱心，一时痴想，与寻常害人者不同。冥间官吏俱笑我、揶揄我，无怒我者。今阴官封我为兔儿神，专司人间男悦男之事，可为我立庙招香火。'闽俗原为聘男子为契弟之说，闻里人述梦中语，争醵钱立庙。果灵验如响。凡偷期密约，有所求而不得者，咸往祷焉。"

  不过要注意兔儿神和兔儿爷是两个不同的神灵，兔儿爷就是月宫中的那只兔子，古代北方中秋佳节往往做成兔子形状的儿童玩具。

元宵灯会简史

"千门开锁万灯明，正月中旬动帝京"

"去年元夜时，花市灯如昼"，元宵节的彻夜灯火是延绵千载的全民浪漫，以至于古人将这一天称为"灯节"。今天依旧有不少城市在举行蕴含地方特色的盛大灯会，延续着"灯火里的中国"。虽然今天的光电技术日新月异，不少全新的科技花灯争奇斗艳，但回溯典籍与诗词，穿越回千年前的灯火，凤箫声动，玉壶光转，古人在元宵灯会上的"工匠精神"，依然会给我们震撼。

·南朝：元宵观灯始于金陵

元宵灯会成为全民习俗始于唐代，但早在南朝时期，南京城就已经开始在正月十五日这天张灯结彩了。南朝宗懔

《荆楚岁时记》记载，当时荆楚一带正月十五确实是一个重要的节日，但这一天的主要纪念方式是祭门、登高和迎紫姑神，并没有与灯会相关的习俗。祭门的方式是将一根杨柳枝插在门上，树枝自然所指的方向便是祭祀的方位，要准备插着筷子的豆粥和其他饮食供品来祭祀。紫姑神信仰在古代极为普遍，她的执掌非常特殊，被视为是管理厕所的女神，传说她于正月十五这天在厕所逝世，人们往往在这一天傍晚以迎接紫姑神的名义举行占卜祈福。紫姑神有很多原型，并且在后代不断增加，北宋元丰四年（1081）年的元宵节，大文豪苏东坡就曾宣称自己迎接到了紫姑神，这位女神生前是唐代一位叫何媚的可怜女性，她恳请苏东坡把自己的身世写下来，这就是《子姑神记》。

清代的小说《儒林外史》说南京人哪怕菜佣酒保，都有六朝烟水气。六朝繁华、魏晋风流，确实在这座南朝都城留下了深刻印迹。最早的元宵灯会雏形就出现在南京。梁简文帝《列灯赋》描述"何解冻之嘉月，值荚之尽开"的时节列灯观赏。我们如何知道这天就是正月十五呢？《礼记·月令第六》说正月"东风解冻，蛰虫始振，鱼上冰，獭祭鱼，鸿雁来"，所以"解冻之嘉月"说的就是正月。荚这种草非常独特，《帝王世纪》说："尧时有草夹阶而生，每月朔生一荚，厌而不落，月半则生十五荚。自十六日起，一荚落，至月晦而尽。月小则余一荚，厌而不落。"这种草每个月初一就会生长出一片叶子，初二会再长出一片，到十五日时共生长出十五片，而从第十六天开始，叶子又逐一开始凋零，到三十日便全部叶落，如此周而复始。所以"蓂荚之尽开"说的就是十五日。这两句连在一起，说的正是正月十五日。明代有位民俗学家刘侗在《帝京景物略》中介绍灯市的历史时就曾提到这篇赋，但他似乎没能理解这个典故，于是遗憾地表示《列灯赋》虽然描绘了灯会，可惜没有写明时间，"亦复未知岁灯何时，月灯何夕也"，进而认为元宵节灯会最早始于唐代长安，这其实是一个没有读懂前人典故的误解。因为《帝京景物略》关于灯市的文字流传很广，直至今日依旧有不少人在撰写文章时因袭了他的错误。

《列灯赋》还描述了一千五百年前南京（当时叫建康）灯会的情景，文辞非常优美："草含春而动色，云飞采而轻来。南油俱满，西漆争然。苏征安息，蜡出龙川。斜晖交映，倒影澄鲜。九微间吐，百枝交布。聚类炎洲，迹同大树。竞红蕊之晨舒，蔑丹萤之昏骛。兰膏馥气，芬炷擎心。寒生色浅，露染光沉。"这段话描述的是什么样的情景呢？初春刚刚露头的草芽染上了灯火的颜色，轻轻飘动的云霞也沾惹起灯火的色彩。傍晚华灯初上，此时夕阳的余晖尚存，斜晖与灯火交相辉映，映衬着反照的夕阳格外清新。斜阳西落，夜色来

清 佚名《十二月月令图·正月》

临，此时的南京城灯火星罗棋布，照耀大地，仿佛成为传说中光火照人的仙山炎洲。点点灯火如同清晨舒展的艳丽花蕊，暗夜中的萤火与之相较，自然黯然失色。灯火中添加了种种珍贵香料，熏染出馥郁的芬芳香气。夜色渐深，寒意渐浓，露珠缓缓在草叶上滚动，此时灯火依旧辉煌，颗颗露珠上都倒映着灯火的光影。

· 唐：元宵灯会成风俗

燃灯祈福最早起源于佛教，在汉代西域佛教徒便有十五日燃灯纪念佛陀光明神变的仪式，传入中国后与中国文化碰撞融合，最终形成正月十五日列灯的风俗。据《隋书·音乐志》，隋朝时长安城为了接待万国来朝的使节，"每岁正月，万国来朝，留至十五日。于端门外，建国门内，绵亘八里，列为戏场。百官起棚夹路，从昏达旦，以纵观之。至晦而罢"。端门和建国门之间有绵延八里的戏棚，通宵达旦进行表演。夜间的演出也必然伴随着彻夜的灯火。但这一活动主要是为了接待外国使节，因而范围仅仅局限在长安城内一小块地方，也不面向普通百姓。

从先秦时期开始，中国就一直有宵禁的政策，周朝就已经有负责"禁宵行者、夜游者"的官员，这一政策在秦汉魏

清 张百熙书曾巩《和史馆相公上元观灯》诗册（局部）

九衢
烛星
仙仗
繁换
豫游
夕晖
归宝
传酰

晋南北朝一直延续，整个唐代也实行严格的宵禁，民众绝不能夜晚出行。宵禁的制度一直到宋代宋仁宗时才被彻底取消。但从唐代开始，元宵节可以不用遵守宵禁，称之为放夜，暂时弛禁，准许百姓夜行。唐代韦述《西都杂记》记载："西都京城街衢，有执金吾晓暝传呼，以禁夜行。唯正月十五日夜，敕许弛禁，前后各一日，谓之放夜。"也就是在这样的背景下，元宵灯会在民间普及开来。

宋代高承《事物纪原》认为唐睿宗李旦先天二年（713）

唐 周昉 《人物卷》

的元宵节，李旦下令开放宵禁，随后的唐玄宗李隆基开元年间，元宵节"放夜"才成为定例，不过武则天时期苏味道著名的《正月十五夜》已经写到："火树银花合，星桥铁锁开。暗尘随马去，明月逐人来。游伎皆秾李，行歌尽落梅。金吾不禁夜，玉漏莫相催。"可见元宵放夜比李旦、李隆基父子要早，很可能是始于武则天。苏味道这首千古名篇描述了元

宵节洛阳城的情形，被称为"千古绝唱"。"火树银花合，星桥铁锁开"一句尤其脍炙人口，与后来宋代周邦彦的"风销绛蜡，露浥红莲，花市光相射""因念都城放夜。望千门如昼，嬉笑游冶"，辛弃疾的"东风夜放花千树，更吹落，星如雨"等都堪称元宵最佳诗词名句。

唐代元宵灯会最盛的城市自然当数长安与洛阳，正所谓"千门开锁万灯明，正月中旬动帝京"（张祜《正月十五夜灯》）、"月色灯光满帝都，香车宝辇隘通衢"（李商隐《正月十五夜闻京有灯恨不得观》），但其他城市也不乏壮观灯会，其中成都的灯会最有规模，元代费著《岁华纪丽谱》中记载了一个传说："唐明皇上元京师放灯，灯甚盛，叶法善奏曰：'成都灯亦盛。'遂引帝至成都，市酒于富春坊。"元宵节这天，道士叶法善施法将玄宗李隆基瞬息之间带到千里之外的成都欣赏灯火，还在灯市购买美酒。这则传奇虽然未必是历史事实，但从初唐卢照邻《十五夜观灯》中"锦里开芳宴，兰缸艳早年。缛彩遥分地，繁光远缀天"的诗句来看，成都元宵灯会之璀璨辉煌可见一斑。诗句中的"开芳宴"是始于唐代的一种浪漫习俗，夫妻之间宴饮赏乐，以示相亲相爱，这又为元宵节平添了一份浪漫。

· 宋：灯山灯海庆元宵

宋代的元宵灯会声势极为浩大，两宋之际的孟元老在《东京梦华录》中曾详细回忆了北宋末年汴梁城的元宵节，我们通过文字可以梦回大宋风华。从腊月的冬至起，开封府就已经开始在皇宫前搭建山棚，山棚的立木正对着宣德门楼。一到元宵节，游人蜂拥而至，御街上人头攒动。御街两侧的

宋 佚名 《缂丝上元婴戏图》

宋 李嵩 《观灯图》

050

长廊下，是五花八门的表演，奇术异能，歌舞百戏，各家的摊子紧挨在一起，鳞次栉比。音乐声和喧哗声，十几里以外都听得到。在这里，你能看到表演击丸、蹴鞠、踏索、上竿的，还能看到很多知名艺人的绝活，奇巧百端，每一样都让人耳目一新。到了正月初七，各地使臣纷纷离开京城，京城里的灯山就开始上彩，彩灯都点亮起来，五颜六色的光交相辉映，一片锦绣斑斓。灯山面向皇宫的那一侧尤其装饰华贵，都是用缤纷彩缎扎成，层层锦绣，堆叠如山，上面都画着神仙故事和市井卖药、卖卦之类的日常生活。节日里还会搭建起三个横向并排而列的大彩门，上面都装饰彩缎，门上有一个大木牌，上面写着金光闪闪的大字。中间那个门写的是"都门道"，左右两个门分别写的是"左／右禁卫之门"，最中间的上方另有一个大木牌，写着"宣和与民同乐"。

在彩山的两侧，分别用各色锦绣绢缎扎起文殊菩萨和普贤菩萨像，分别骑着狮子和白象。两座菩萨彩像的每个手掌的手指，喷射出五道水柱，与此同时，手掌还能摇动，制作非常精巧。在灯山的最高处设有一个木制的大水柜，先用辘轳绞水，把水从地面抽到水柜里，每隔一段时间，就把水从水柜里倾倒出来，从外面看就好像瀑布飞流直下。在左右两边的门上，还用草扎成两条嬉戏的龙，龙身用青布作为皮肤。在青布下的草结内，暗藏了数万盏的灯烛，远远望去，就像两条蜿蜒飞翔的神龙。

从灯山至宣德门楼横大街一百多丈的路上，用棘刺围起一块空地，叫作"棘盆"。在"棘盆"中，设有两根高达数十丈的长竿，长竿也装饰有各色锦缎，花团锦簇，用纸糊成百戏人物悬挂在长竿上，风一吹过，人物缓缓飘动，看起来好似飞在半空中的神仙。空地内还设有一个乐棚，差遣官家的乐工在这里演奏乐器、表演杂戏，左右军也在其中表演百戏。一切安排妥当后，就会等待宋徽宗御驾亲临。宣德楼上装饰着镶着黄边的垂帘，中间那个座位就是留给皇上的御座。宣德楼两边的两座朵楼，分别悬挂有一枚巨型的灯球，直径有一丈多，里面燃烧的那根蜡烛跟一根椽子一样粗大。

汴梁大相国寺的大殿前也设有乐棚，禁军的乐队在这里演奏。寺里两廊都挂着诗牌灯，有的写"天碧银河欲下来，月华如水照楼台"，有的写唐代苏味道的诗"火树银花合，星桥铁锁开"。诗牌是木质的牌子，上面镂空刻字，外面再罩上一层轻纱。诗牌灯是将烛火放置在诗牌内，一排灯整齐排开，让人流连不已。大相国寺各色灯烛竞相点燃，光彩耀眼夺目，通宵达旦不停歇。其他的佛寺道观，也都允许百姓彻夜烧香。各个坊巷和马行街上的那些香药铺席、茶坊、酒肆，也都置备有自己的灯火，灯烛各有新意，争奇斗艳。在灯火方面最超群出众的，要数莲华王家香铺，这家铺子还会请道士表演打花钹、和尚表演弄椎鼓，路过的游人无不驻足观赏。

北宋末年汴梁的灯会是古代元宵灯会的最高峰，金盈之《醉翁谈录》中列举的灯就有灯球、灯槊、绢灯笼、日月灯、诗牌绢灯、镜灯、字灯、马骑灯、凤灯、水灯、琉璃灯、影灯、棘盆灯等十多种名目。南宋时都城杭州的灯会虽然不会超过北宋，但也很有特色，胜在"家家灯火，处处管弦"，例如吴自牧《梦粱录》记载清河坊蒋检阅家"奇茶异汤，随索随应，点月色大泡灯，光辉满屋，过者莫不驻足而观。"

· 明清：烟花流光灯市如昼

明清时期元宵灯会逐渐定型，相较于两宋，人们不再通宵达旦，往往二更天就结束。烟花的普及为人们带来喧闹的喜庆。明朝初年朱元璋定都南京后，"初建南都，盛为彩楼，招徕天下富商，放灯十日"（《帝京景物略》卷二）。虽然明初一年只有春节、冬至两个假期，但永乐七年（1409）元宵节也开始放假，假期足足有十天之多，明代中后期又改为五日。相比于唐宋时元宵节灯火下盛行各种娱乐百戏表演，明代的"灯市"呈现出别样的热闹。刘侗《帝京景物略》记载当时的北京："灯市者，朝逮夕，市；而夕逮朝，灯也。市在东华门、东亘二里。市之日,省直之商旅,夷蛮闽貊之珍异,三代八朝之骨董,五等四民之服用物,皆集。衢三行,市四列,所称九市开场,货随队分,人不得顾,车不能旋,阗城溢郭,旁流百廛也。"白天是市场,晚上是灯会,各地的奇异特产、历代的珍贵古董乃至各种生活用品都汇聚于此,人山人海。此时元宵节还会进行盛大的烟火表演,烟花名目繁多,"烟火则以架以盒,架高且丈,盒层至五,其所藏械:寿带、葡萄架、珍珠帘、长明塔等"。当鞭炮声、烟火声响彻城市时,"丝竹肉声,不辨拍煞,光影五色,照人无研媸,烟胃尘笼,月不得明,露不得下",热闹非凡。最欢乐的还是游人,正如唐伯虎《元宵》诗所云:"有灯无月不娱人,有月无灯不算春。春到人间人似玉,灯烧月下月如银。"古人的热闹虽然无法身临其境,但我们可以通过图像感受当时的节日氛围,例如《上元灯彩图》就生动描述了当时南京秦淮河灯会的繁盛情景。

清代元宵节也施放烟花爆竹,烟花制作工艺更加精巧,潘荣陛《帝京岁时纪胜》记载:"烟火花炮之制,京师极尽工巧。有锦盒一具内装成数出故事者,人物像生,翎毛花草,曲尽妆颜之妙。"烟花点燃后,能够先后燃放出不同的人物故事,栩栩如生。富察敦崇《燕京岁时记》中记载的花炮名目有盒子、花盆、烟火杆子、线穿牡丹、水浇莲、金盘落月、葡萄架、旗火、二踢脚、飞天十响、五鬼闹判儿、八角子、

《清末各样人物图册》中的卖花灯人，约 1770—1790 年

炮打襄阳城、匣炮、天地灯等近二十种。"富室豪门，争相购买，银花火树，光彩照人，车马喧阗，笙歌聒耳。"在元宵节里最欢乐的无疑是小孩子们，他们拿着各色小彩灯嬉戏打闹，直到二更天以后才慢慢喧笑而散。我们可以在《升平乐事图册》等明清图画中看到不少在元宵节喧闹的儿童。

《红楼梦》中好几处写到贾府过元宵，元春省亲恰逢元宵，贾府"院内各色花灯烂灼，皆系纱绫扎成，精致非常……只见园中香烟缭绕，花彩缤纷，处处灯光相映，时时细乐声喧，说不尽这太平气象，富贵风流"，各色灯火也都独出机杼，"两边石栏上，皆系水晶玻璃各色风灯，点的如银花雪浪；上面柳杏诸树虽无花叶，然皆用通草绸绫纸绢依势作成，粘于枝上的，每一株悬灯数盏；更兼池中荷荇凫鹭之属，亦皆系螺蚌羽毛之类作就的。诸灯上下争辉，真系玻璃世界，珠宝乾坤。船上亦系各种精致盆景诸灯，珠帘绣幙，桂楫兰桡，自不必说"。第五十三回又写到一年元宵，贾府"两边大梁上，挂着一对联三聚五玻璃芙蓉彩穗灯……窗格门户一齐摘下，全挂彩穗各种宫灯。廊檐内外及两边游廊罩棚，将各色羊角、玻璃、戳纱、料丝，或绣、或画、或堆、或抠、或绢、或纸诸灯挂满"。种种灯火繁华，正与后来贾府的家破人散形成对比。邓云乡先生的《红楼风俗谭》里讨论过贾府中这些花灯的细节，有兴趣的读者可以参考。

古代足球简史

"绿杨深处，恣意乐追游"

　　足球起源于古代中国，古称"蹴鞠"，这是众所周知的事。但关于古代足球的起源与发展，还有一些细节值得聊一聊。关于这个题目的讨论始于一位同学在我的课上的提问："侯老师，中国古代足球运动如此辉煌，为何现在却一蹶不振？如何复兴中国足球？"我当时很有一种无力感，很抱歉地跟他说："我其实只是大概知道古代足球的情况，可以分享给你，但你的问题我实在是一无所知，不知道答案在哪里。"

　　这篇文字就是课堂上的回答补充整理而来，很遗憾的是，时至今日，我依旧不知道如何回答这位同学的问题，只能默默期待中国足球的崛起。

· 黄帝把蚩尤的胃充气当球踢，就有了最早的足球？

1973年，长沙马王堆三号墓出土了一批帛书，其中有一种叫《十大经》，大约写于战国时期，这是附在乙本《老子》卷前的佚书，包括"立命""观""五政""果童""正乱""姓争""雌雄节""兵容""成法""三禁""本伐""前道""行守""顺道"十四篇，大都是采用黄帝君臣问答的形式，讲刑名和阴阳刑德之说。其中《正乱》篇讲述了一件初看很离奇的事："黄帝身遇蚩尤，因而擒之，剥其□革以为干侯，使人射之，多中者赏。鬋其发而建之天□，名曰蚩尤之旌。充其胃以为鞠，使人执之，多中者赏。腐其骨肉，投之苦醢，使天下噪之。"翻译过来，就是黄帝遭遇蚩尤，擒杀了他，把他的皮剥下来做箭靶，让大家朝着这个靶子射箭，射中多的人有赏。把他的头发剪下来做成旗子，叫作蚩尤之旌。在他的胃里填充东西，做成皮球，让人来踢，踢中次数多的人有赏。把他的骨肉加上苦菜，做成肉酱，请天下人来分吃。

长期以来的历史书写里，三皇五帝时期是人心淳朴、政治清明的时期，但从考古发现来看，这时期的实际情况并不完全和后代儒者所构建的历史相同。这种将其他部落的首领剥皮剁碎的做法，大概是在早期的人类社会中比较普遍，或许是一种战争胜利后的仪式或者庆祝游戏。无论如何，这确实证明足球运动历史悠久，倒是和传世文献中刘向《别录》中"蹴鞠者，传言黄帝所作"的记载对得上。

古代有很多事物的发明权都归到黄帝头上，如果我们把黄帝时期理解为一个漫长的时代，这些传说未必没有合理之处。人们最早进行的球类运动可能比黄帝时期还要早，先人们用绳子绑着石球，扔出去击打猎物，是一种很早的捕猎手段，很多相关的运动和游戏，都是从生产实践中来的。20世纪60年代在云南省沧源佤族自治县发现的沧源岩画，是三千多年前新石器时代的岩画，其中就有类似玩球的图像。

· 作为娱乐运动的蹴鞠，战国以后开始普及

蹴鞠的起源大概是捕猎手段和祭祀仪式，有学者认为，商代甲骨文中"庚寅卜，贞：乎品舞，从雨"这则记载描述的就是和踢球有关的祭祀，"品"就类似后来的"鞠"字，品舞就是一种踢球的舞蹈仪式。在后续的发展中，足球有两个方面的作用，一是作为娱乐运动，二是作为军事训练手段。

最晚在战国时期，足球已经成了一种被大众喜爱的娱乐活动。司马迁《史记》中有段著名的记载，是苏秦跟齐宣王在交谈中提到当时齐国首都临淄："甚富而实，其民无不吹竽鼓瑟，弹琴击筑，斗鸡走狗，六博蹋鞠者"，2004年时任

059

国际足联主席的布拉特宣布足球起源于淄博临淄，这段记载功不可没。淄博当地还建有一座漂亮的足球博物馆，其中镇馆之宝是汪云程的《蹴鞠图谱》。

到了汉代，足球运动更加普及，贵人之家，蹴鞠斗鸡，很多大人物也是足球爱好者，从汉高祖刘邦的父亲太上皇刘太公开始，汉武帝、汉元帝、汉成帝等不少皇帝都是足球迷。刘太公是中国第一个在世太上皇，据汉代刘歆《西京杂记》记载，刘邦做了皇帝以后，把父亲刘太公接到身边，发现老人家总是凄怆不乐，刘邦偷偷问身边人，才知道老爷子生平好友都是屠贩少年，喜欢干的事就是沽酒卖饼、斗鸡蹴鞠，现在搬到长安一带，无事可做，难免闷闷不乐。刘邦一听，就新建了一个后来被叫作新丰的宫苑，把刘太公当年故交都搬过来一起生活，太上皇果然高兴起来。

汉 佚名 铜蹴鞠图案印

这时候人们已经为足球痴狂，甚至有人为踢球而死，《史记》记载安陵阪里（今咸阳一带）有个叫项处的人，有公乘的爵位。这人得了牡疝，神医淳于意告诫他，"慎毋为劳力事，为劳力事则必呕血死"，结果项处不听劝告，忍不住还要去踢足球，果然疯狂出汗吐血，急忙找淳于意来看，淳于意告诉他，虽然救不了他，但是可以确定，他大概明天黄昏时候死。他到时间果然死掉了。

· 足球高手霍去病

足球的另一个重要作用是进行军事训练，从汉代到唐宋，都将足球之类的运动作为阅兵中的一项内容。刘向《别录》说："蹴鞠，兵势也，所以练武士，知有才也。"

霍去病是古代著名的将领，也是资深的足球爱好者，很多人将他视为足球练兵的专家。实际上霍去病对足球的爱好，更多还是娱乐性的，或许也是受到汉武帝的影响，汉武帝的姑姑馆陶长公主刘嫖有个面首叫董偃，因为长公主的缘故，也受到汉武帝的宠爱，他经常陪着汉武帝"游戏北宫，驰逐平乐，观鸡鞠之会，角狗马之足，上大欢乐之"，所谓的"鸡鞠之会"，自然就是斗鸡、蹴鞠活动。霍去病从小在宫中侍候皇帝，得以显贵，大概对此也不陌生。《太平御览》引《弹棋经序》说当年汉武帝平定西域后，"得胡人善蹴鞠者，盖炫其便捷跳跃，帝好而为之。群臣不能谏，侍臣东方朔因以此艺进之，帝就舍蹴鞠，而上弹棋焉"，有个西域胡人善于踢球，武帝天天跟着踢球，群臣劝谏都没有用，后来东方朔献上弹棋，这才转移了汉武帝对足球的痴迷。有学者根据这则材料，认为汉武帝时期中国足球已经有了国际外援。实际上这段记载并不可靠，因为刘歆《西京杂记》有类似的记录，但完全没有胡人的戏份，故事的主人公是汉成帝，进献弹棋的则是刘歆的父亲刘向。《弹棋经序》的内容，大概是后人根据《西京杂记》编造出来的。

《史记》记载，霍去病性格很独特，"少言不泄，有气敢任"，汉武帝给他修了一座府邸，他却说："匈奴未灭，无以家为也"，由此备受武帝信任和宠爱。但霍去病也有缺点，就是不怎么体恤士兵。他在塞外打仗时，士兵缺粮，有的军卒饿得站不起来，而他还在"穿域蹋鞠"，营造球场，组织士兵踢足球。

虽然霍去病踢球未必是为了训练士兵，但汉代确实将足球作为军事训练项目。一个重要的证据是在《汉书·艺文志》中，在兵家兵技巧类的图书中，著录有"《蹴鞠》二十五篇"，这也是最早的足球专著。所谓的兵技巧，是"技巧者，习手足，便器械，积机关，以立攻守之胜者也"。唐代颜师古注：

"蹴鞠，陈力之事，故附于兵法焉。"这种训练方式延续久远，三国时期的曹操、孙权都以足球练兵，直到唐宋时期，击球还是阅兵时候的重要内容。南宋吴自牧《梦粱录》记载都城杭州每年春秋两次阅兵，主要的项目就有"试弩射弓，打球走马"，不过这个打球不是用脚踢，而是用一根杆子击打，严格意义上不能算是足球。

· 唐宋，足球从实心球到充气球

汉代的足球，也就是鞠，是用牛皮制成，里面填充东西使之圆满，一般的填充物是毛发。也就是说，鞠是一个实心的皮球。也有用毛线制成的球，应劭《风俗通》逸文中有"毛丸谓之鞠"的文字，郭璞《三苍解诂》中说："鞠，毛丸，可蹋戏。"徐坚《初学记》亦云："鞠即毬字……古用毛纠结为之。"1979年敦煌马圈湾西汉烽燧遗址中发现一个拳头大的毛线球，是把麻线和绢条搓成绳子，捆扎在丝织物上，成一个球形，也有人认为这是一种鞠。

唐代开始出现充气的皮球，这就更接近今天我们所说的足球，球胆大概是动物膀胱之类可以充气的材质，外面再用几块皮缝起来。宋程大昌《演繁露》中说，唐代的诗人皮日休性格傲诞，自号"间气布衣"。所谓的间气，是说英雄伟人，

南宋 佚名 《明皇击球图》（局部）

上应星象，禀天地特殊之气，间世而出。古代"间"和"闲"是一个字，"间气"和"闲气"就是一个词，也可以理解是因无关紧要的事惹起的气恼。所以有人就写诗嘲讽皮日休像是个充气的球，"六片尖皮砌作球，火中燖了水中揉。一包闲气如长在，惹踢招拳卒未休"，从这首诗可以看到唐代足球的制作方式。

在宋代，充气的足球真正流行开来，人们干脆把足球就叫作气球。程大昌《演繁露》中评论前面那首写皮日休的诗，就说"其谓砌皮、包气，即今之气球也矣"。宋代李錞的《李希声诗话》里提到当时有个进士叫李璋，和人踢球的时候，一脚把球踢到了一个妇女头上，把人家头上的冠梳踢成了碎片，被拉去对簿公堂，太守看他是个举子，就考他用"把球踢到人家头上"这件事写首诗。李璋应声就作了一首："偶与朋游，闲筑气球。起自卑人之足，忽升娘子之头。方一丈八尺之时，不妨好看；吃八棒十三之后，着甚来由。"太守听了大乐，笑着把他放了回去。

唐代足球大概是用六块或八块皮，宋代足球更加精致，用十块或十二块皮，宋人写足球的《满庭芳》词中便写道："十二香皮，裁成圆锦，莫非年少堪收。绿杨深处，恣意乐追游。"宋代江少虞《皇朝类苑》中记载，"香皮十二，方形地而圆象天，香胞一套，子母合气归其中"。其内胆具体的做法，《皇朝类苑》中说："今所作牛彘胞，纳气而张之，则喜跳跃，然或俚俗数少年簇围而蹴之，终无堕地，以失蹴为耻，久不堕为乐，亦谓为筑球鞠也。"用的是牛膀胱。程大昌《演繁露》中说："砌合皮革，待其缝砌已周，则遂吹气满之。气既充满，鞠遂圆实"，和今天给足球充气差不多。充气的足球需要经常打气，当时称之为"打楦"。汪云程《蹴鞠图谱》中介绍，其要求是"打楦者，添气也。事虽易，而实难。不可太坚，坚则健色浮急，蹴之损力；不可太宽，宽则健色虚泛，蹴之不起，须用九分着气，乃为适中"。充气所用的打气筒和今天的很不一样，是一种夹板式的充气工具。

· 古代足球有几个球门？

今天的足球分为两队，双方各守一个球门，竞技的关键是把球攻进对方的球门。蹴鞠的球门情况就稍微复杂一点。汉代球场称为鞠城，据说一度有十二个球门，两边各六个，说球门其实不太准确，这里的球门其实就是一个洞，也就是两边各有六个洞。也有人认为没有球门，是十二个人参与比赛。到了唐代，只有一个球门，是一张网，设置在场中央，两边的球员都往这个网里踢球。只有一个球门的比赛，称之为"筑球"。唐代也开始出现类似今天的两个球门。《文献通考·乐考二十》曰："蹴球，盖始于唐，植两修竹，高数丈，络网于上，为门以度球。球工分左右朋，以角胜负。"这个球门是在两根数丈高的竹子上悬网，样子有点像今天的篮球架的篮板，只是把那个篮板整个换成一张网，踢球的关键就在于谁踢得高、踢得准。大概也并没有守门员。《蹴鞠谱·球门格范》中有一个示意图，表现的就是这种球门。立两根并排的竹竿，两竹下方相距九尺五。最上边有旗帜，下为二横木，横木间有洞，当时也称之为"风流眼"，正是进球的地方，其两边为网。

当然，很多人玩足球并不需要球门，这种叫"白打"。胡震亨《唐音癸签》引《齐云论》："白打，蹴鞠戏也。两人对踢为白打，三人角踢为官场。"汪云程《蹴鞠图谱》中则说："每人两踢名打二，曳开大踢名白打，一人单使脚名挑踢，一人使杂踢名厮弄。"很多流传至今的古人蹴鞠图，表现的都是白打。白打主要是表演性质,两队对抗,则称之为筑球。筑球也是球场中间设一球门,两队在两边踢。

· 足球曾是寒食、清明节庆活动?

清明节前后不仅要扫墓,也要踢足球,这是唐宋非常普遍的风俗。唐徐坚《初学记·岁时部》中记录寒食的习俗,便有打球一项,下面的注释便是蹴鞠。

我们看到唐宋诗词中大量关于民间蹴鞠的诗句,基本上都是写在寒食、清明时节。比如唐诗中王维《寒食城东即事》诗中的"蹴鞠屡过飞鸟上,秋千竞出垂杨里",杜甫《清明二首》诗里的"十年蹴鞠将雏远,万里秋千习俗同",韦应物《寒食》中的"彩绳拂花去,轻球度阁来",白居易《洛桥寒食日作十韵》中的"蹴球尘不起,泼火雨新晴",温庭筠《寒食日作》中的"彩索平时墙婉娩,轻球落处花寥梢",再比如宋诗中陆游的《春晚感事》:"寒食梁州十万家,秋千蹴鞠尚豪华"和《感旧四首末章盖思有以自广》:"路入梁州似掌平,秋千蹴鞠趁清明。"万俟咏的词《恋芳春慢·寒食前进》中的"寒食近,蹴鞠秋千,又是无限游人"。

这并非足球与清明节有什么内在关联,只是因为唐宋时期,人们喜欢在清明前后春游,而踢球便是春游中的一个娱

明 杜堇 《仕女图卷》（局部）

乐项目。人们正月踏春，也会踢球，《东京梦华录》中写汴梁人元宵节后出城探春，也是"举目则秋千巧笑，触处则蹴鞠疏狂"，抬眼看，有姑娘在秋千上来回荡漾，笑容满面；四处望，有人在开心玩着蹴鞠，无拘无束。过了清明，人们继续春游，还是可以踢球，正如陆游《三月二十一日作》诗："蹴鞠墙东一市哗，秋千楼外两旗斜。及时小雨放桐叶，无赖余寒开楝花。"又如其《晚春感事》："少年骑马入咸阳，鹘似身轻蝶似狂。蹴鞠场边万人看，秋千旗下一春忙。"

· 中国古代的女足

女性踢球，由来已久，汉代画像石上就有女性踢球的图像。唐代以后，还出现了不少高手。唐代康骈的《剧谈录》中有个故事，说有位八十多岁的老头王超，有天路过胜业坊北街,"时春雨新霁,有三鬟女子,年可十七八,衣装蓝缕,穿木屐,立于道侧槐树下。值军中少年蹴鞠,接而送之,直高数丈,于是观者渐众,超独异焉"。军士们踢足球,这十七八岁的女孩子可以接送,还能踢出数丈高。

唐宋大部分女性并非把踢球当作一种竞技运动,并不能和今天的女足相提并论,更多是作为一种乐舞表演。当时男性中流行的是骑马打球,唐玄宗就是一位马球高手,晁说之有名的《打球图》诗,就是在观看了一幅唐玄宗李隆基打球图后有感而作,因此有"阊阖千门万户开,三郎沉醉打球回"的句子。

马球也叫"婆罗球",唐代初年从西域传入,有一些著作文章将它和蹴鞠混淆起来,虽然都有球,但实际上是完全不同的两种运动。乐人女子不便于骑马,往往使用毛球或皮球进行踢球表演。女性踢球不像男性竞技,往往不设球门,而是类似今天花式足球的娱乐项目,两个人玩就被称为"白打"。唐代王建的《宫词》中,就有"宿妆残粉未明天,总立昭阳花树边。寒食内人长白打,库中先散与金钱"的描述,这是后宫中的两名宫女在踢球。顺便说一句,唐代女性还有一种独特的球类表演,这就是有名的胡旋舞。宋代王谠编辑的《唐语林》中提到,唐玄宗时期,"今乐人又有蹋球之戏,作彩画木球,高一二尺,女妓登蹋,球转而行,萦回去来,无不如意，盖古蹋鞠之遗事也"。女性表演者踩着一个大木球进行表演，球在脚下转动前行，是一种将杂技和舞蹈相结合的独特艺术门类。很多人从字面上理解胡旋舞是一直转着圈儿的舞蹈，其实并不准确。

说回女性蹴鞠，国家博物馆藏有一件有名的蹴鞠纹铜镜，上面有两人白打，两人围观，形象非常生动，正在踢球的一人，明显就是一位女性。河北邢台出土的一件宋代瓷枕，有一位女子独自蹴鞠的形象。在古代为数众多的仕女图中，也有不少女性踢球的图像。

女性蹴鞠一直延续到清代。元代关汉卿的《女校尉》中写道："散闷消愁，唯蹴鞠最风流。"明代陈继儒的《太平清话》写了一位彭云秀的女艺人，"以女流清芬，挟是技游江海，叩之，谓有解一十有六"，她以蹴鞠表演谋生，有十六种花式技巧。明代崇祯皇帝的贵妃田秀英，据说就是蹴鞠高手。明代小说中有写女性踢球的诗："蹴鞠当场对处圆，香风吹下玉天仙。汗沾粉面花含露，尘染蛾眉柳带烟。翠袖低垂藏玉笋，绛裙斜曳露金莲。几回踢罢娇无力，笑杀长安美少年。"清代大词人陈维崧有首《抛球乐》词，主题就是咏美人蹴鞠，写得生动有趣，其中一段是："且水晶帘畔，斜穿鞠域，相邀同去。此际绰约轻盈，娇花百朵，琼枝一树。宝钗松，罗袜小，争漾绛绡穷裤。玉醉花欹，吹乱红巾几缕。一泓香雪，

蹴鞠纹铜镜 国家博物馆藏

宋代"童子蹴鞠图"瓷枕

临风慢舞，仿佛似滚琼闺絮。更香球将坠，最怜小玉多能，旁衬凌波微步。渐蹴罢春憨，扶鬓影，娇喘浑无语。小换轻容满身红雨。"《聊斋志异》中的名篇《小翠》，便有缝布作球，踢球游戏的描写。但总的来看，到明代时，蹴鞠已经开始式微，女性蹴鞠就非常少见了。

· 高俅到底是不是足球高手？

每当国足落败，就有网友留言怀念高俅，"高俅退役了，中国足球一千多年没缓过来！"大家对高俅是"足球高手"的印象，实际上是来自小说《水浒传》，第二回便写道："东京开封府汴梁宣武军，一个浮浪破落户子弟，姓高，排行第二，自小不成家业，只好刺枪使棒，最是踢得好脚气毬。京师人口顺，不叫高二，却都叫他做'高毬'。后来发迹，便将气毬那字去了毛傍，添作立人，改作姓高名俅。"后来他在小王都太尉处做下人，被打发去给爱踢球的端王送礼，正好足球踢到他脚下，他便来了一个"鸳鸯拐"踢还回去，被端王注意到，拉他表演了一番踢球，只见他"把平生本事都使出来，奉承端王。那身分模样，这气球一似鳔胶粘在身上的。端王大喜，那里肯放高俅回府去，就留在宫中过了一夜"，这端王就是后来的宋徽宗，所以高俅从此便平步青云。

这段记载的来源，是南宋王明清的笔记《挥麈录》，其中提到高俅本是苏东坡身边的小史，也就是书童，笔扎颇工，"东坡自翰苑出帅中山，留以予曾文肃，文肃以史令已多辞之，东坡以属王晋卿"。王晋卿就是驸马王诜，有次要送一个篦刀子给端王，差遣高俅前去，"至晚，遣俅赍往。值王在园中蹴鞠，俅候报之际，睥睨不已。王呼来前询曰：'汝亦解此技邪？'俅曰：'能之。'漫令对蹴，遂惬王之意，大喜，呼隶辈云：'可往传语都尉，既谢篦刀之况，并所送人皆辍留矣。'由是日见亲信。逾月，王登宝位。上优宠之，眷渥甚厚，不次迁拜"。高俅去的时候端王正在踢球，高俅一直盯着看，端王便问他是不是也会踢球，高俅说自己很擅长，于是和端王对踢了一番，端王大为满意，便决定把他留在自己身边。过了一个多月，端王登基做了皇帝，高俅也备受恩宠。

王明清是否可靠，学术界一向有争议，但宋徽宗时期确实有足球高手做了宰相。这就是著名的浪子宰相李邦彦。《宋史·李邦彦传》："邦彦俊爽，美风姿，为文敏而工。然生长闾阎，习猥鄙事，应对便捷；善讴谑，能蹴鞠。"他官运亨通，一路做到宰相，却"无所建明，唯阿顺趋谄充位而已，都人目为'浪子宰相'"。宋代能踢球的大臣其实还有一些，比如真宗朝的大臣丁谓就踢得一脚好球，年轻时写的长诗中有两句："鹰鹘腾双眼，龙蛇绕四肢。蹑来行数步，跷后立多时"，写的就是踢足球的风姿。

当然，这些高官都不是专业选手，当时专业的足球高手，据《武林旧事》记载，皇宫宴会上的踢球名手有苏述、孟宣、张俊、李正等，在市井瓦舍里的踢球艺人有黄如意、范老儿、小孙、张明、蔡润等。

· 宋代的足球俱乐部

在宋代，蹴鞠也是一种杂技表演项目，孟元老《东京梦华录》记载北宋首都汴梁元宵节的热闹，"游人已集御街两廊下。奇术异能，歌舞百戏，鳞鳞相切，乐声嘈杂十余里。击丸蹴鞠，踏索上竿……"，蹴鞠是百戏表演之一。南宋的杭州城，形成了各种行业社团和百戏演艺社团，周密《武林旧事》卷三中提到的就有绯绿社（杂剧）、齐云社（蹴球）、遏云社（唱赚）、同文社（耍词）、角抵社（相扑）、清音社（清乐）、锦标社（射弩）、锦体社（花绣）、英略社（使棒）、雄辩社（小说）、翠锦社（行院）、绘革社（影戏）、净发社（梳剃）、律华社（吟叫）、云机社（撮弄）等。这种社团，类似各种行业的俱乐部，说明当时市井行业的繁荣。灌圃耐得翁《都城纪胜》中说："又有蹴鞠打球社、川弩射弓社。"吴自牧《梦粱录》卷十九中也记载："更有蹴鞠、打球、射水弩社，则非仕宦者为之，盖一等富室郎君、风流子弟与闲人所习也。"

蹴球的社团称为齐云社，也叫圆社，南宋有人写《满庭芳》词称赞这个社团："若论风流，无过圆社，拐臁蹬蹴搭齐全。门庭富贵，曾到御帘前。灌口二郎为首，赵皇上、下脚流传。人都道，齐云一社，三锦独争先。花前并月下，全身绣带，偷侧双肩。更高而不远，一搭打秋千。球落处，光臁圆拐，双佩剑、侧蹴相连。高人处，翻身佶料，天下总呼圆。"明代（也有学者认为是宋代）佚名《蹴鞠谱》曰："风流自古号齐云，压强欺村果出群。豪强贵公偏见爱，一团和气胜如春。"

蹴鞠社团内部有些独特的"锦语"，比如人数分别是一、二、三、四、五、六、七、八、九、十的场子，他们分别称之为"解数、勘赚、转花枝、火下、小出尖、大出尖、落花流水、斗底、花心、全场"，把酒叫"水脉"，把吃饱叫"足目"，喝醉叫"脉透"，在汪云程《蹴鞠图谱》中记载有四十多条，《蹴鞠谱》中记录有一百三十多条。

· 足球之神是谁？二郎神！

古代各行各业总有个祖师爷和保护神，前文引用的宋词里有一句："灌口二郎为首，赵皇上、下脚流传。"皇帝踢球自然指的是宋代开国皇帝赵匡胤，他酷爱踢球，与韩王赵普等人踢球，有《宫词》形容："国家武备莫轻妄，内院频开蹴鞠场。花下一丸尘起处，至尊敌手是韩王。"古代一直流传有宋代苏汉臣《宋太祖蹴鞠图》，据说描述的便是这一情景。苏汉臣原本已经失传，现有元人钱选摹本收藏在上海博物馆，画面上有六个人，两个人在白打，其他四人在围观。

词中的"灌口二郎"就是我们熟悉的二郎神，因其源于四川灌县（今都江堰市）而得名，又称川主、显圣二郎真君、昭惠灵显王、二郎真君、灌江神、赤城王、清源妙道真君，大概是对李冰之次子、赵昱、张仙、杨戬等民间俗神混合而成的信仰。大约在唐代，已经有二郎神信仰，北宋的时候开始流行于全国，据《宋史》记载，宋徽宗时"政和七年（1117），诏修神保观，俗所谓'二郎神'者，京师人素畏之，自春及夏，倾城男女负土以献，揭榜通衢"，孟元老《东京梦华录》中说每到六月二十四日二郎神的生日，"二十四日，州西灌口二郎生日，最为繁盛"。在二郎神生辰的前一天，也就是二十三日，宫里就送来供奉品，都是后苑作和书艺局等机构制作的各种工艺品，包括球杖、弹弓、弋射之具、鞍辔、衔勒、樊笼等，都非常精致灵巧，有专人一路奏乐奉送到神保观。当天，神保观大殿前的露台是一座乐棚，皇家教坊和钧容直在棚子里演奏音乐，也会表演杂剧和舞蹈。民间也有盛大的社火表演。

元 钱选 《宋太祖蹴鞠图》

宋代以来，不知何故，二郎神就变成了蹴鞠爱好者的保护神。明沈德符《万历野获编》补遗卷四："蹴鞠家祀清源妙道真君，初入鞠场子弟必祭之，云即古二郎神；又云即徐知证、知谔。余思二徐已祀于京师灵济宫，恩宠逾制，何又司白打之戏耶，是未必然。"沈德符只是知道踢足球的人上场前都要祭祀二郎神，但各种缘由他也不清楚。《蹴鞠谱》中提到，"昔轩辕置下礼，后有唐宪帝西川二郎习戏"，但细节还有待深入研究。不论如何，从前面所引的那首宋词来看，至晚在南宋，二郎神已经成为足球从业人员的保护神了。

除了二郎神，蹴鞠爱好者祭祀的神灵还有一位陆阳真人。佚名《蹴鞠谱》中称"祭祖师清源妙道真君、企师陆阳真人",陆阳真人与二郎神不同,似乎是一个历史上的真实人物,是蹴鞠社团的开创者。他与足球的渊源,在于"陆阳仙行游蜀地,见其奢华富贵,聚杰少年之辈,取其高名齐云社会,传于江湖"。这两位神灵都出自四川,大约当年蜀地曾盛行蹴鞠,可惜文献记载太少,无法了解这些信仰背后的细节。

· 足球的国际交流

汉武帝时期善于蹴鞠的胡人不过是后人杜撰,但至少在唐代,蹴鞠已经传到了朝鲜半岛。《旧唐书》:"高丽者,出自扶余之别种也。其国都于平壤城……好围棋投壶之戏,人能蹴鞠。"唐朝时,蹴鞠也传到了日本,虽然随着现代足球的传入,蹴鞠在日本也逐渐式微,但一直没有消亡。

明清之际,蹴鞠在中国衰落。晚清时,西方足球又传入中国,足球这个词在中国才开始使用。《清稗类钞》中说:"足球,与蹴鞠相类,盖效西法也,宣统时盛行之。其质料为印度橡皮或涂橡皮胶之帆布,鼓气令满,外裹以皮囊,圆径约八九寸。游戏时,人分两组,偕入长三百三十尺阔百六十尺之广场。场之两端,各立长十八尺阔六尺之木架为门,以球能踢入对面之门者为胜。"

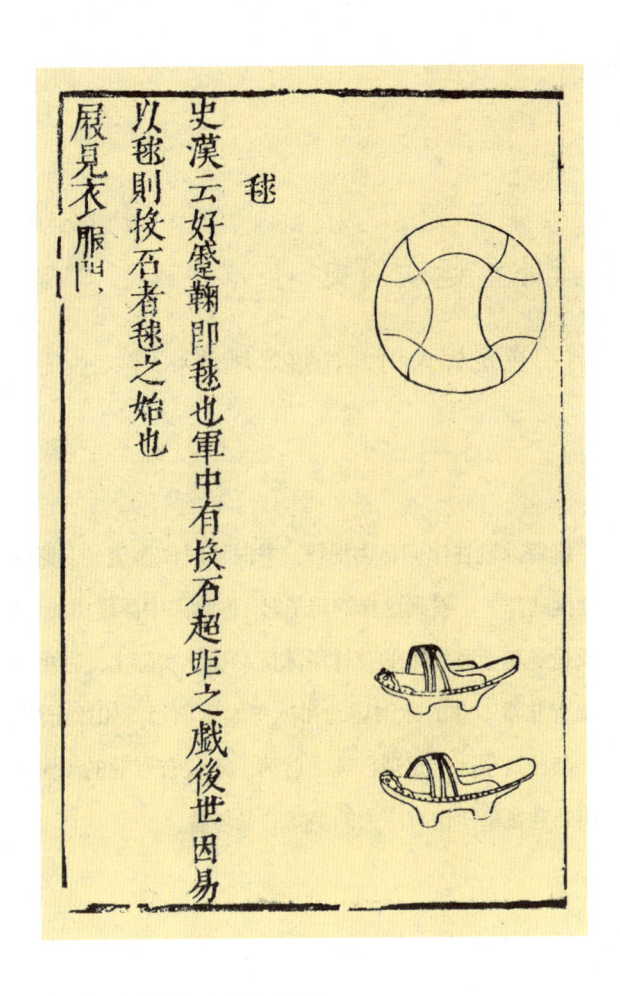

明《三才图会》中的足球样式

古代冰雪运动简史

"待引鱼龙辉火树,先招鸾凤试冰嬉"

脚踩冰鞋在冰面自由滑行,并时不时做做旋转、跳跃等高难度动作——看到这样的句子时,你脑海中浮现出的画面,八成是冬奥会赛场上的花样滑冰运动员。实际上,在中国古代就有非常专业的冰雪运动和冰雪娱乐项目,如冰上速滑、冰上杂技乃至冰上足球、冰上射箭,不仅有专业的冰雪运动队和专业赛事,也有广大的民间的参与者。

01

古人很早就把冰视为重要的资源,周代就有专门负责藏冰的机构,这个机构的官员称之为"凌人"。《周礼·天官·凌人》载:"凌人,掌冰;正岁十有二月,令斩冰,三其凌。"

郑玄注:"掌冰政,主藏冰之政也。"这个机构有数十名工作人员,负责在冬天的时候在深山凿取冰块并储藏,等到天气炎热之际或者礼仪需要之时使用。《左传·昭公四年》记录了当时藏冰取冰的流程,"山人取之,县人传之,舆人纳之,隶人藏之",有关的人员(管山的小官)在深山中凿取冰,县正(地方官员)运输,舆人(职位低微的官吏)交付,隶人(同前)收藏。藏冰之时,要用黑色公羊、黑色黍米祭祀司寒之神(冬神玄冥)。《诗经·豳风·七月》里"二之日凿冰冲冲,三之日纳于凌阴"两句诗正是对采冰、藏冰过程的生动描述,诗句中的"凌阴"也叫"凌室",就是专门用来藏冰的仓库。

从商周以来,不同时期的采冰和藏冰仪式和方法都有不同,到了清代,政府不再从深山采冰,而是在腊八这天就近从"御河起冰贮窖,通河运冰贮内窖,太液池起冰贮雪池冰窖,开豩门运之。各门护城河打冰,于河边修土窖贮之"(潘荣陛《帝京岁时纪胜》),从京城的河湖中直接取冰。汉代的凌室位于著名的未央宫内,到了清代,冰窖数目众多,既有皇家内窖,也有各种土窖。明代以来民间还有采冰销冰的行业。

清 《职贡图》中骑木而行的七姓人

02

　　虽然采冰用冰的历史非常悠久，可以想象在冰雪上的嬉戏和运动必然也很早就已经展开，但史料里能看到的冰雪运动的雏形一直要到南北朝以后才出现在对北方少数民族日常生活的描述之中。《隋书·北狄传》记载北室韦人生活的地方"地多积雪，惧陷坑阱"，所以他们"骑木而行"，《新唐书》

中描述拔野古人"乘木逐鹿冰上",在冰雪上乘着一块木板追捕鹿群,可以想象这两则史料中的"木",都是类似雪橇之类的设备。

《新唐书》又记载有"木马突厥三部落",分别是"都播、弥列、哥饿支",并且详细记载了他们的习俗:"俗乘木马驰冰上,以板藉足,屈木支腋,蹴辄百步,势迅激。"他们乘着一种叫"木马"的设备在冰上飞驰,从文字来看,这种设备是一只脚的脚下有块木板,腋下夹着一根曲棍,用另一只脚向后踩踏冰面,使得人在木板上飞速向前滑行,踩一下就能滑行百步之远,连续不断地滑就有非常迅速激烈的气势。用今天的眼光来看,这无疑就是滑雪运动了。

宋代以来汉族中流行的冰上工具是一种冰床,宋代称之为"凌床"。根据江休复《嘉祐杂志》的描述,这种"凌床"既可以用来拉货,也可以用来坐人,"冬月载蒲苇,悉用凌床,官员亦乘之"。沈括《梦溪笔谈》卷二十三记载:"冬月作小坐床,冰上拽之,谓之'凌床'。"沈括在河朔一带看到大量"凌床",询问用途,被告知都是供官员使用,拉冰床的人纷纷说这是"运使凌床""提刑凌床",听到的人哈哈大笑。这是因为"凌床"的发音和死人用的"灵床"一样。明代以后称之为"拖床",明代太监刘若愚的《酌中志》中记载:"至冬冰冻,可拖床,以木板上加交床或藁荐,一人前引绳,可拉二三人，行冰如飞。"这本书中还记载，嘉靖二十一年（1542）正月十六日，皇太子去宫中见皇帝就是乘坐拖床前往，当时内阁首辅夏言有诗云"胡床稳坐度层冰"，描写的正是这个情景。当时北京入冬后，有不少贫民便临时从事"拖床"挣钱，"每于河冻之后，近京贫民，群来趁食，即于皇城内外，凡有冰处，拉拖床以糊口"（吕毖《明宫史·金集》）。清代冰床更为常见，乾隆皇帝就喜欢乘坐拖床，赵慎畛《榆巢杂识》中描述皇家拖床："冬日液池，上御拖床。其制似榻无足，似车无轮，以人挽行冰雪中，至便。有施毡幄及饰以龙凤者。"我们现在可以从图像中看到乾隆的拖床。乾隆曾写过《御制雪中坐冰床即景》诗，宫廷画家钱维城据此绘制了《御制雪中坐冰床即景卷》，现存台北故宫博物院。如果是大户人家，还会有自家专用的冰床，《红楼梦》中大观园里便有专门拉冰床的仆役。

在东北一带，狗拉雪橇是重要的交通工具，元代的驿站称为"站赤"，除了常见的陆站和水站，在辽阳一带还有狗站，《元史》中记载辽阳"狗站一十五处，元设站户三百，狗三千只，后除绝亡倒死外，实在站户二百八十九，狗二百一十八只"。东北的赫哲人使用一种狗拉的冰床，在现藏于法国巴黎图书馆的《职贡图》中可以看到清代赫哲人冰床的图像。

03

冰雪运动的国家赛事和国家队是清代初年才开始出现的。康熙年间，北京八旗士兵组织冰上运动，主要形式有娱乐性的冰上"拖床"和带有军事训练色彩的"冰球"。所谓的"拖床"，根据康熙朝大臣高士奇《金鳌退食笔记》记载，"以木作平板，下用二足，裹以铁条，一人在前引绳，可坐三四人，行冰如飞"，是一块下面装有铁条的大木板，三四个人坐在木板上，由一人用绳子挽住木板在前拖行。当时的冰球和今天的赛事中的冰球运动不同，今天的冰球是用冰球杆击打冰上的橡胶圆盘，八旗士卒们则是兵分两队抢夺一个皮球，"每队数十人，各有统领，分伍而立。以皮作球，掷于空中，俟其将堕，群起而争之，以得者为胜。或此队之人将得，则彼队之人蹴之令远。喧笑驰逐，以便捷勇敢为能"。

乾隆时期开始，冬天八旗的冰上赛事成为定制，称之为"冰嬉"，当时一般则称之为"跑冰鞋"，目的在于"习武行赏"。《皇朝通典》卷五十八记载："国朝定例，每岁冬令太液冰坚，令八旗与内府三旗简习冰嬉之技，分棚掷彩球，互程趫捷，并设旌门，悬的演射，校阅行赏。"冬至太液池结冰坚实后，就会举行冰嬉大典。"分棚掷彩球"延续了康熙

085

清 《职贡图》中赫哲人的狗拉冰床

朝冰球的基本形式，更加富有挑战性。"互程趓捷"的字面意思就是"互相较量矫健敏捷"，实际上类似冰上速滑比赛。"悬的演射"则是在场内悬挂靶子，一边滑冰一边射箭，是对滑冰和射箭水平的双重考验。

吴振棫《养吉斋丛录》对冰嬉项目有详细的介绍，分为"抢等""抢球""转龙射球"等精彩环节，"冰鞋以一铁直条嵌鞋底中，作势一奔，迅如飞羽。始曰'抢等'"，这是以竞速为目的的滑冰比赛。"抢球"则是"兵分左右队，左衣红，右即衣黄。既成列，御前侍卫以一皮球猛踢之至中队，众兵争抢，得球者复掷，则复抢焉。有此已得球，而彼复夺之者；或坠冰上，复跃起数丈，又遥接之"。两队分别穿红衣和黄衣，比赛开始时，御前侍卫用力将皮球踢到两队中间，两队进行激烈的争夺，这段文字将争夺的场景写得栩栩如生，读来仿佛遥看一场冬奥会一般。"转龙射球"则是"走队时，按八旗之色，以一人执小旗前导，二人执弓矢随于后，凡执旗者一二百人，执弓矢者倍之，盘旋曲折行冰上。远望之，蜿蜒如龙。将近御座处，设旌门，上悬一球，曰天球，下置一球，曰地球。转龙之队疾趋至，一射天球，一射地球"。"运动员们"按照八旗次序列队滑行，其中有一两百人手执旗子，更有数百人手持弓箭，大家在冰面上一圈圈盘旋而行，好像蜿蜒飞驰的神龙，这就叫"转龙"。在靠近皇帝御座的地方架设有一个旌门，上面悬挂着一个大彩球，地上还放置着一个彩球，分别叫天球和地球，飞滑而过的"运动员们"分别弯弓射击两个彩球。嘉庆帝《御制观冰嬉诗》说"飞矢射时全命中，彩球抛处又分堋"，可见水平极高，箭无虚发。

清 金昆等 《冰嬉图》（局部）

04

  根据学者研究，一次冰嬉的参与人员，前后在五千人左右，冰嬉期间的观众也有数千人，冰嬉堪称大型冰雪运动会。冰嬉大典的时长在十天左右，皇帝会多次前往观看，例如乾隆十七年（1752）起居注记载，乾隆分别于当年的十二月初一、初三、初七、初八日，到瀛台观赏冰嬉。乾隆帝曾亲作《冰嬉赋》，其《御制诗集》中也有不少关于"冰嬉"的诗句，如"待引鱼龙辉火树，先招鸾凤试冰嬉""冰床南渡阅冰嬉，行赏多因惠八旗"之类，可见他对这项活动的高度重视。乾隆帝还会亲自乘坐冰床参加比赛，嘉庆帝就说"皇父（即乾隆）亲御冰床，第其高下，以次颁赏"。据《清稗类钞》，乾

隆的冰床"以黄缎为幄，如轿式然，以八人推挽之，鬴帱貂座"，堪称冰上龙舟，非常豪华气派。嘉庆之后，将"冰嬉"称为"冰技"，更加突出了其专业性，在《嘉庆实录》《道光实录》中，可以看到大量"上幸瀛台，阅冰技""上幸北海，阅冰技"的记录。

虽然我们无法穿越回数百年前观赏冰嬉大典，但描绘冰嬉的图像能够提供身临其境的体验。故宫博物院藏有乾隆年间金昆、程志道、福隆安三位宫廷画家合笔绘制的《冰嬉图》，长近6米，高35厘米，场面宏大，出场人物近2000人。乾隆皇帝端坐冰床，参加大典的士卒身穿戎装、脚踩冰鞋、背插分别代表八旗的小旗进行冰上速滑、冰上夺球、冰上射箭等各色表演，他们在滑冰时往往还会做出宛如杂技的高难度动作，或金鸡独立，或犀牛望月，或燕子戏水，或果老骑驴，看起来翩若惊鸿、婉若游龙，仿佛是古代版的羽生结弦。此外还有一副张为邦、姚文瀚合笔绘制的《冰嬉图》，主题和内容相同。

乾隆二十六年正月，乾隆帝在紫光阁设庆功宴，庆祝此前平定准部、回部，姚文瀚还绘制了一副《紫光阁赐宴图》，其中也有精彩的冰嬉场面。此图也收藏在故宫博物院。

05

清代除了官方的冰嬉大典，民间的冰雪项目也非常兴盛。最常见的是上文提到的"拖床"，戴璐《藤阴杂记》记载："东便门至西便门，三冬冻合，设拖床坐人，比车较省。"富察敦崇《燕京岁时记》的记录更加详细："冬至以后，水泽腹坚，则什刹海、护城河、二闸等处皆有冰床。一人拖之，其行甚速。长约五尺，宽约三尺，以木为之，脚有铁条，可坐三四人。雪晴日暖之际，如行玉壶中，亦快事也。至立春以后，则不可乘，乘则甚危，有陷入冰窟者，而拖者逃矣。"

虽说"拖床"更多是一种运输工具，时人也将之作为一种娱乐工具，"更将拖床结连一处，治酒陈肴于上，欢饮高歌，两三人牵引，便捷如飞，较之坐骥乘车，远胜多矣"（潘荣陛《帝京岁时纪胜》）。更具体育色彩的是"溜冰"和冰上足球。

溜冰也叫"滑擦"，潘荣陛《帝京岁时纪胜》云："冰上滑擦者，所著之履皆有铁齿，流行冰上，如星驰电掣，争先夺标取胜，名曰溜冰。都人于各城外护城河下，群聚滑擦，往还亦以拖床代渡。"彼此争夺胜利，体现出鲜明的竞争性。《燕京岁时记》记载："冰鞋以铁为之，中有单条缚于鞋上，身起则行，不能暂止。技之巧者，如蜻蜓点水，紫燕穿波，殊可观也。"可见当时溜冰群众中不乏高手。冰上足球也叫蹴鞠，是极具竞技体育特色的项目，《帝京岁时纪胜》对此表述道："金海冰上作蹴鞠之戏，每队数十人，各有统领，分位而立，以革为球，掷于空中，俟其将坠，群起而争之，以得者为胜。或此队之人将得，则彼队之人蹴之令远。欢腾驰逐，以便捷勇敢为能。将士用以习武。昔黄帝作蹴鞠之戏以练武，盖取遗意焉。"

这些能够完成蜻蜓点水技巧的溜冰者和"以便捷勇敢为能"的蹴鞠人，正是百余年前的冰雪运动爱好者。

大熊猫简史

"如虎如貔,如熊如罴"

2022年北京冬奥会吉祥物冰墩墩火出圈,萌翻各国网友。"怎样才能拥有一只冰墩墩"一度成为全网热议的话题。冰墩墩是一只披着冰糖外壳的可爱大熊猫,它再一次证明了国宝无与伦比的圈粉实力。我们都知道,熊猫被称为"物种活化石",早在800万年前就已经登上历史舞台,此后又与人类共同度过了漫长岁月。但从文史角度去追溯大熊猫的历史,我们不得不承认,大熊猫的历史比任何其他动物都扑朔迷离,即使是真实世界中不存在的神兽,例如神龙、白泽、麒麟,都可以比较清晰地勾勒出他们与人类"相处"的历程,唯有提到大熊猫时,学者们往往陷入沉默。网络上热传大熊猫曾是蚩尤与皇帝征战时的坐骑,也有人说熊猫最初的名字其实是猫熊,这些传说是真实的还是以讹传讹的呢？我们今天立足于史料典籍，看看大熊猫在古代留下的身影，聊一聊古人视野里的大熊猫。

·大熊猫的取名之路

　　大熊猫是动物界的"活化石"，早在新生代，始熊猫和古猿、剑齿虎等动物就已经活跃在这个星球，此时的始熊猫只有今天的狐狸大小，族群尚不发达。经过数百万年的进化，在距今两百万年左右的更新世早期，开始出现小种大熊猫，它们比始熊猫大了很多，但也只有今天大熊猫的一半大，值得一提的是，这个时期，人类的始祖也开始登上历史舞台。大部分科学家认为，小种大熊猫开始变为兼吃竹子的杂食动物。又经过上百万年，在更新世中期，以竹子为生的巴氏大熊猫成为大熊猫历史的主角，这时候的大熊猫衣食无忧，体型变大，比今天的大熊猫还要更大一些。在距今一万年左右，巴氏大熊猫又逐渐被体形稍小的现生大熊猫取代，也大约是在这个时期，人类进入到新石器时代。

　　大熊猫这个名字，实际上只有一百年多的历史，同治八年（1869），来自法国的神父阿尔芒·戴维德（Armand David）在四川雅安宝兴县的邓池沟（穆坪）最早科学意义上发现了大熊猫，据他的日记，当地人本来称之为"花熊"

或者"竹熊",戴维德神父将其命名为"黑白熊"。这一年他将一只大熊猫制作成标本并将其寄给法国国家自然历史博物馆馆长亨利·米勒·爱德华兹,这件标本随后在法国国家自然历史博物馆展出,随后震惊全球。这件大熊猫标本至今仍完好地保存在该博物馆。

  关于大熊猫的命名有一个流传颇广的故事。大熊猫本来的中文学名叫作"猫熊",1939年在重庆北碚平民公园进行公开展览时,虽然当时中文习惯从右往左书写,但为了和从左往右书写的英文对应,也采取了从左往右的书写方式,但民众们还是习惯从右往左地阅读,这么一来,民众参观时嘴里念出的都是"熊猫",乃至新闻报道中记者们也误写成了"熊猫",久而久之,"熊猫"这个名字就取代了它本来的名字。这个故事在大熊猫爱好者中可谓尽人皆知,但这个关于"误会"的传说本身就是一个误会,最早提出这个说法的是著名学者夏元瑜教授,他在1978年一篇名为《一错五十年——为猫熊正名》的文章中最早介绍了这个故事。其实,我们要是查阅民国期刊报纸,就会发现在这次展览之前的很多年里,很多媒体报道早就将这个动物称为"熊猫"了。赵良治先生《熊猫中国》一书中就曾提到,1931年上海《世界杂志》早有题为《世界最稀有哺乳动物大熊猫》的标题,而我目前看到最早的报道比这个还早二十年,在1911年《世界月报》上就有"中国西部诸地高出海面约五千英尺以上竹林深处，熊猫居焉，而为博物学者所注意搜求者也"的报道，并且还配有大熊猫的照片。此外如1929年上海《时事新报》有题为《美前总统之子游历过沪，猎得珍禽异兽甚多，有熊猫、金色猴各一》的报道。总的来看，这个广为人知的传说其实是个误传。民国时期猫熊这个词确实也在使用，有时指今天的熊猫，有时指的是今天的小熊猫。猫熊和熊猫两个词从20世纪20年代就开始混用。1939年《上海周报》的"科学世界"刊发了一篇高峰撰写的题为《猫熊是什么》的文章，提到"这地球上有二种动物，统叫猫熊，英文叫作 Panda，有时候也叫熊猫"，可以看作当时的主流认知。其所谓的二种动物，就是大熊猫和小熊猫。

· 古代的熊猫到底叫啥

晚清以来，大熊猫被"发现"并轰动全球后，学者们开始回顾史籍，试图寻觅大熊猫的痕迹，人们出于热爱熊猫之心，努力论证，前前后后居然从古籍中找到二十多种被认为是大熊猫的动物，其中有的过于离谱，不被大部分学者理会，而常见的说法就有貔、貔貅、貘、貊兽、白豹、驺虞、黑、白黑、白熊、猛豹、猛氏、执夷、皮裘、食铁兽、角端等,这些说法是否可靠,我们回归史籍稍做查考就会有初步的答案。

一些学者认为先秦典籍《尚书》中就有大熊猫,其依据其实只是《尚书·牧誓》中"如虎如貔,如熊如罴"一句,有人说"貔"就是熊猫,也有人说"罴"才是熊猫,实际上并没有直接的证据,古人注疏也从未有相关的解释。此外如《逸周书》中"山之深也,虎豹貔貅何为可服"、《礼记》中"前有挚兽,则载貔貅"、《史记》中"教熊罴貔貅䝙虎"之类的记载也都类似,要论证其中的"貔貅"或"罴"是熊猫,从学术的角度来看实在不太容易。

和今天大熊猫可能有直接关联的记载中,最早的是东汉许慎《说文解字》,其中说:"貘,似熊而黄黑色,出蜀中。"这个貘的产地和形象都和今天的熊猫相似,虽然没有说是白黑色,但黄黑色也比较接近。再看看《尔雅》关于"貘"的解释,只有"貘,白豹"三个字,但东晋郭璞的注释说:"似熊,小头,庳脚,黑白驳,能舐食铜铁及竹骨,骨节强直,中实少髓,皮辟湿。"这里的"似熊""黑白驳""竹"几个关键词,让人眼前一亮,似乎可以确定他们说的貘十有八九就是今天的大熊猫。关于其能"食铁"的记载,这也是较早的出处。郭璞认为貘字声转为猛,貘与猛就是同一种动物,《山海经·西山经》中有一句记载"兽多猛豹",郭璞的注释说"猛豹似熊而小，毛浅，有光泽，能食蛇，食铜铁，出蜀中"，和前面对"貘"的注释非常接近。貘也写成貊或狛，《后汉书·西南夷传》记载："哀牢夷出貊兽"，唐代李善引《八郡志》："貊大如驴，状颇似熊，多力，食铁，所触无不拉。"关于貘字的文字学上的细节问题，清代学者段玉裁《说文解字注》、王引之《经义述闻》等经典著作中有很精彩的考证，这里不详细展开讨论，有兴趣的读者可以去查阅。

需要说明的是，古代的貘字实际上包括了三种不同的动

貘 《博物馆图谱》

物，这也是现在很多学者对貘是不是熊猫感到犹豫的地方。第一种貘是白色的豹子，例如郭璞所说："豹，白色者别名貘。"第二种貘，例如唐代白居易《貘屏赞》中说"貘者，象鼻、犀目、牛尾、虎足，生南方山谷中"，这一描述显然更接近今天的貘。第三种貘就是我们理解的大熊猫。但是古人往往会将这两种貘误会为同一种动物，所以不同的传说又会糅杂在一起，形成复杂的文本。有趣的是古代也有不少关于貘的图像，无一例外都是类似今天的貘，目前还没有发现类似今天大熊猫的图像。

· 大熊猫曾是蚩尤的坐骑吗？

　　前面所引关于貘的记录中，往往有食铜铁、食铁的记载，在古人看来，这是这个动物最为神奇之处，所以历代记载中格外强调这一特色。早在晋代左思的《蜀都赋》中便有"戟食铁之兽"的文字，后人注疏认为就是貘。唐代白居易认为貘只吃铜铁，不食他物。宋代罗愿的《尔雅翼》："貘，今出建宁郡，毛黑白，臆似熊而小，能食蛇，以舌舐铁，可顿进数十斤，溺能消铁为水。有误食针铁在腹者，服其溺则化，取其粪为刀，可以切玉……今蜀人云峨眉山多有之。其上浮屠所居，往往有悬釜而炊者，惧铁器为所食。"当时传说峨眉山上寺庙里的僧人，为了防止铁锅被吃掉，做完饭就要把锅悬挂起来。古人有时也直接将之称为"食铁兽"。大熊猫当然并不能真正食铁，可能是曾有熊猫舔舐铁器被古人观察到，然后误以为其能够食铁，进而甚至传出了其粪便也能消化金铁，乃至粪便可以制成切玉之刀的奇闻。李时珍的《本草纲目》中就详细解说了貘的药用价值，其中认为用水和着貘尿一起喝下去，就能将吞进肚子里的金属化成水。实际上古人认为能够食铁的动物还不止貘一种，比如唐代有记载说西域供奉的一种像骆驼的大鸟（就是今天的鸵鸟）能够食铁，更早的据说是汉代东方朔所撰《神异经》中记载南方有种长得像牛的啮铁兽也能食铁，东晋王嘉《拾遗记》中还记载昆吾山有种长得像兔子的动物"亦食铜铁"。

　　貘或者大熊猫这个"食铜铁"的特性，正好和古人对蚩尤的记载有一丝丝微不足道的联系。《史记》关于蚩尤的记载中没有提及他的形象，后代纬书《龙鱼河图》则多了对其形象的记载："黄帝摄政，有蚩尤兄弟八十一人，并兽身人语，铜头铁额，食沙石子，造立兵仗刀戟大弩，威震天下，诛杀无道，不慈仁。"又"黄帝之初有蚩尤氏，兄弟七十二人，铜头铁额，食沙石，制五兵之器，变化云雾"。唐代张守节撰《史记正义》，就曾引用过这段记载。南朝任昉《述异记》则记载："轩辕之初立也，有蚩尤氏兄弟七十二人，铜头铁额，食铁石。轩辕诛之于涿鹿之野。蚩尤能作云雾，涿鹿今在冀州，有蚩尤神，俗云人身牛蹄，四目六手。今冀州人掘地得髑髅如铜铁者，即蚩尤之骨也。今有蚩尤齿，长二寸，坚不可碎。"这些记载显然没有提到他们有什么坐骑，若说能和熊猫扯上关系，那就是铜铁两个字了。蚩尤形象"铜头铁额"，大熊猫"食铜铁"。这大概就是网络上很多人误以为蚩尤和大熊猫有联系的一个理由了，实在是非常牵强的。

　　当然，仅仅只有这一个理由，还不足以激发网友的脑洞。《史记》里还记载："轩辕乃修德振兵……教熊罴貔貅䝙虎，以与炎帝战于阪泉之野。三战，然后得其志。"又接着说，"蚩尤作乱，不用帝命。于是黄帝乃征师诸侯，与蚩尤战于涿鹿之野，遂禽杀蚩尤"。也就是黄帝先和炎帝在阪泉之野多次大战，战胜炎帝之后，又率领诸侯在涿鹿之野和蚩尤大战，最终斩杀了蚩尤。其中记载黄帝和炎帝大战的时候，提到他"教熊罴貔貅䝙虎"，从字面来看，就是带着熊、罴、貔、貅、䝙、虎等六种猛兽（也有人认为是熊罴、貔貅、䝙虎三种猛兽，现代学者一般认为这是图腾，并非真的猛兽）作战。这个貔貅在古代也可能曾是熊猫的别名之一，但这是明代的事情了。明代后期有位旅行家胡世安，在他所编撰的峨眉山方志《译峨籁》中记载："貔貅，自木皮殿以上，林间有之。形类犬，黄质白章，庞赘迟钝，见人不惊，群犬常侮之。声訇訇，似念陀佛陀佛。能援树，食杉松颠，并实，夜卧高篱下。"这里记载了峨眉山上一种叫"貔貅"的动物，外形像犬，毛皮黄白色，长相憨厚，性格迟钝，也不怎么怕人，经常被山上的狗群欺负。叫声响亮，大概像是在念"陀佛"，喜欢爬树，能爬到杉木和松树的树顶上，晚上喜欢睡在竹篱围墙下。从描述来看这个动物似乎就是大熊猫，这么说来，自古传说的神兽貔貅岂不就是大熊猫了？但是，《译峨籁》中又清清楚楚地讲了："古老传名皮裘，纪游者易以貔貅，此兽却不猛，两存以备考。"当地一直有传说，这个动物当地方言叫"皮裘"，是有些来旅行的文人，觉得皮裘这个名字实在不雅，才改成了谐音"貔貅"，实际上跟上古神兽貔貅没啥关系。胡世安自己也说，古籍上的貔貅是猛兽，但这个动物一点都不猛，大概就是两种动物。《译峨籁》这个书长期只有孤本流传，一直到20世纪80年代，四川地方学者才从北京图书馆（今国家图书馆）找到这个清初刻本，发现了这段记载。也是从此之后，大家纷纷传说貔貅就是熊猫，乃至上推到《尚书》《史记》等书中关于貔貅的记载，认为都是熊猫。当时正是改革开放后大熊猫重新"走红"的时间，民众期待证明古代重要典籍中早都记载了熊猫的心情也不难理解，但要根据这个记载说《史记》里的貔貅就是熊猫，实在是牵强了一点。

即使我们认同《史记》中的貔貅就是熊猫,但根据司马迁的原文,指挥貔貅作战的也是黄帝轩辕氏,和蚩尤没什么关系。但到了互联网时代,往往有一种"多重牵强附会"的文化潮流,经常将有丝丝联系的几个知识点"伪造"出新的"文化知识",比如有网友看到了有人介绍《史记》里黄帝炎帝蚩尤大战里有貔貅,貔貅可能是熊猫,又看到有人介绍熊猫在古代叫"食铁兽",又看到有人介绍蚩尤"铜头铁额",一转眼就"改造"出一种新的知识:黄帝蚩尤大战时蚩尤的坐骑是食铁兽,也就是今天的大熊猫。这个"新知识"虽然毫无根据,但无疑极具传播力,因为"蚩尤坐骑"和熊猫的憨态可掬形成强烈的"反差萌",而且熊猫确实也是个猛兽,大家从心底就宁愿相信这种"听起来虽然不靠谱但很合理而且很厉害"的信息,一些科普博主以"你知道吗"打头的"知识传播",也起到了推波助澜的作用,短短几年之间,蚩尤曾经骑熊猫就已经变成了一个"知识点",这是互联网时代知识"讹传"的一个常见情景。

· 古代唯一和大熊猫有关的故事

虽然我们今天觉得大熊猫实在憨态可掬,而且特征过于明显,实在让人过目难忘,但在古代,关于大熊猫的记载大都是字典和类书的词条，毫无故事性可言，唯一有趣的故事来自明代演义小说《东周列国志》。其中第三十五回讲后来成为春秋五霸之一晋文公的公子重耳，此时还在列国逃亡，最后来到楚国，受到楚成王的接待。书中写道："一日，楚王与重耳猎于云梦之泽。"楚王轻松连射一鹿一兔，重耳也射中一头熊的熊掌，就在两人互相吹捧之际，军中居然传来阵阵喊声，原来是有士兵从山谷赶出来一只奇兽："似熊非熊，其鼻如象，其头似狮，其足似虎，其发如豺，其鬣似野豕，其尾似牛，其身大于马，其文黑白斑驳，剑戟刀箭，俱不能伤，嚼铁如泥，车轴裹铁，俱被啮食，矫捷无伦。"楚王问重耳可知这野兽叫什么名字，重耳身边跟随他的大臣赵衰博闻强识，马上上前说："此兽其名曰貘，秉天地之金气而生，头小足卑，好食铜铁，便溺所至，五金见之，皆消化为水。其骨实无髓，可以代槌，取其皮为褥，能辟瘟去湿。"我们看到这里，就知道这个猛兽显然就是一头大熊猫了。

　　此时重耳手下另一位跟随他逃亡的勇士魏犨想要不用兵器活捉这只熊猫，他直奔熊猫连击数拳，没想到这熊猫全然不怕，果然是个食铁兽，一舌头过去，就把魏犨腰间的金腰带给吃掉一截，魏犨大怒，喊了一声"孽畜不得无礼"就跳跃而起，骑在熊猫身上死死卡住它的脖子，任凭熊猫如何挣扎都不放手，最终耗光了熊猫的气力，抓着它的鼻子把它牵到了两位君王面前来。楚王不由感慨，重耳手下文武兼备，"吾国中万不及一也"。

《东周列国志》毕竟是一部小说，这个故事在历史上并不存在，有趣的是如果我们细细品味原文，就会发现作者想描写的虽然是作为大熊猫的貘兽，但显然他没有见过真正的大熊猫，和很多古人一样犯了错误，把貘和熊猫这两种都叫貘的动物糅合在了一个动物上，比如描写这个貘"其鼻如象"，但我们可爱的熊猫滚滚可没有一只大象鼻子。

吃鸭简史

"村边处处围桑叶，水上家家养鸭儿"

相比于鸡来说，人们驯服鸭子是很晚的事情，距今只有2000—3000多年（鸡则有7000—8500年），但不管怎么样，在今天，烤鸭早已是人们喜闻乐见的美食。我最早吃北京烤鸭是在南京。在南京大学读书时，教授告诉我们一个有名的段子："没有一只鸭子可以活着游过长江。"事实上南京确实和烤鸭有着悠久的"羁绊"，要回顾人们品味鸭子的历史，应该从南京讲起。

· 最早吃烤鸭的是南京人

南京人对烤鸭的感情由来已久，史料里最早提到鸭味美食，就是在西晋时期一位南京人的笔下。这位叫弘君举的南京人写了一部叫《食檄》的书,这部书虽然没有完整地流传下来,但不少段落保留在《北堂书钞》《太平御览》《永乐大典》之类的类书中,其中有一段就提到美味"炙鸭"。要是从他算起,南京人对吃鸭的热爱已经延续了1700多年。说到南京和鸭子,还有段往事值得一提,据《南史》,梁敬帝绍泰二年(556),后来成为陈朝的开国皇帝的陈霸先此时已经权倾朝野,六月份,他正率军和北齐在玄武湖、幕府山一带作战。夜里大雨倾盆,以致陆地水深一丈,士兵缺少粮食,士气低迷。这时陈霸先之侄陈蒨(也就是后来的陈文帝)派人送来三千石米和一千只鸭子,这让陈霸先大受鼓舞,"帝即炊米煮鸭,誓申一战。士及防身,计粮数裹,人人裹饭,混以鸭肉。帝命众军蓐食,攻之,齐军大溃"。靠着鸭子的加持,梁军在自己的都城战胜了入侵的北齐。实际上,二十四史里仅有的两条吃鸭子的记载都和南京有关:《南史》记载,南齐永明九年(491),齐武帝萧赜在南京祭祀他的爷爷萧承之,献祭的菜品是发面饼鸭肉羹,原因是他爷爷生前最喜欢吃这个。

在弘君举这个时代,炙鸭还是一种较为罕见的美食,在他的笔下和熊白(熊背上的脂肪)、獐脯(獐肉干)、糖蟹(糟腌螃蟹)、车螯(海中的文蛤之类)等精品美食并列。在他之后,北魏贾思勰的《齐民要术》里记载有一种鸭煎,并不

卖鸡鸭 《清末各样人物图册·十二册》
外销画，1773—1776 年

卖腊鸭 《清末各样人物图册·十二册》
外销画，1770—1790 年

是煎烤鸭肉，而是选比较肥的嫩鸭子，用火燖毛，去掉内脏，洗干净后切成肉馅，再加上细切的葱白和酱料炒熟。唐代关于炙鸭的记载很少，倒是在高僧寒山大师的诗里，看到他喜欢"蒸豚揾蒜酱，炙鸭点椒盐"，这大概是一位真正的得道高僧，与普通僧人严守戒律不同，喝酒吃肉，不同凡俗。《唐语林》载："李远为杭州刺史，嗜啖绿头鸭。贵客经过，无他馈饷，相厚者乃绿头鸭一对而已。"当时把这事当作新闻逸事。

107

·宋代吃鸭进入寻常百姓家

　　鸭子真正走进市民生活是在宋代。读《东京梦华录》之类的宋代的史料笔记，往往震惊于当时美食之丰富多彩。北宋的汴梁有种美食叫爊鸭，根据后代《居家必用事类全集》的详细记录，它的做法是：将鸭先洗净，放入热麻油中煎至表面金黄，再用酒、醋和水浸泡，加入葱、酱和各种调料，用小火煨熟。放凉后随时从料汁中取出切食。在《东京梦华录》里，还有旋炙野鸭肉（现烤现卖的烤野鸭肉）、鹅鸭排蒸、莲花鸭签（将鸭肉切片，摆放成莲花形状）、燠鸭（灰火中烤制的鸭）、盐鸭卵（咸鸭蛋）之类的鸭货美食，其中不乏大量烤鸭类的制法。

　　南京和鸭子的缘分不可谓不深。在中国历史上留下名字的第一位做鸭的厨师，就是宋代南京人王立。洪迈《夷坚志》里有一则"王立爊鸭"的神奇故事：在南京做通判的史忞，退休后和一位老侍从回到杭州盐桥养老，有天两人一起逛街，发现街上有叫卖熟食鸭子的，看着特别像自己在南京任上的厨师王立，老侍从在旁边也觉得这个人跟王立简直一模一样。但是王立一年前就已经去世了，葬礼的钱还是史忞出的，这让他觉得很是恍惚，还没等他开口询问，这人已经跑过来跪在他的面前，原来他真的是已经"死去"的王立，因为太执着于做鸭,死后鬼魂在杭州开了个燋鸭店。旧时主仆相逢,感慨不已,于是王立端着一份燋鸭,就来史恣家中叙旧。史恣问他,你自己都做了鬼了,这鸭子是真的吗?王立表示这些鸭子都是人间之物,自己也要一早去市场选购,再到大作坊租用锅和柴火调料,做成美味,沿街叫卖,赚的钱足以糊口。

除了这种燋鸭,炙鸭也开始风行。根据吴自牧的《梦粱录》,杭州分茶酒肆里的菜单,往往有两百多种菜品,酒店附近叫卖的各色餐食,又有两百多种,其中就有"假炙鸭"和"炙鸭"。所谓的"假炙鸭"大概是一种像烤鸭的素菜,"炙鸭"从字面看起来似乎是烤全鸭。但据南宋末年陈元靓编、元人增补的《群书类要事林广记》载,炙鸭的做法是:"治事净汤内养热,如常批开,研椒、莳萝、酱、茴香、马芹、杏仁各一文,阿魏少许,姜葱约度用之,同研烂,头醋调,滤滓,淹半日,炙令黄色止,物料得宜,以意度之,炒臕头,去筋膜,尽研烂,入水少许和匀炒之。"实际上最后是把鸭肉弄烂,烤过之后加水炒成稀肉羹。《群书类要事林广记》里的"诸国食品"还记载有其他地域的鸭子做法,比如有种"女真挞不剌鸭子",做法是:"用大鸭一只,去毛并肠肚,以榆皮酱、肉汁、葱白细丝、小椒囵囵,用油打炒葱白,肉汤一处下锅内,后下鸭子,慢火煮八九分熟,肉紧者使熟之。盛时囫囵折开，以碗留汤供之，鹅、鸭、鸡同此制造，只添血半椀。"《居家必用事类全集》中则称之为"塔不剌鸭子"。

元代忽思慧《饮膳正要》中说鸭肉"补内虚，消毒热，利水道及治小儿热惊痫"，野鸭肉"补中益气，消食，和胃气，治水肿"，还记载了一些可以作为药膳的鸭类饮食，比如"青鸭羹"，可以"治十种水病不瘥"，其做法是"青头鸭（一只，退净）、草果（五个）。上件，用赤小豆半升，入鸭腹内煮熟，五味调，空心食"。

· 今天的烤鸭是炙鸭吗？

一些影视剧里用"炙鸭"来描述今天的北京烤鸭。事实上今天的烤鸭，在古代不叫炙鸭，而是叫烧鸭。元代《饮膳正要》中便有叫"烧鸭子"的食物。在元曲中有个《看钱奴买冤家债主》，其中写道："我那一日想烧鸭儿吃，我走到街上，那一个店里正烧鸭子，油渌渌的。我推买那鸭子，着实的挝了一把，恰好五个指头挝的全全的。我来到家，我说盛饭来。我吃一碗饭，我咂一个指头，四碗饭咂了四个指头。"写的就是这个人用手指去揩人家店里烤鸭的油，回家嗦手指头下饭。明代宋诩《竹屿山房杂部·养生部三》中的烧鸭有两种做法，一种是"全体，以熟油、盐少许遍沃之，腹填花椒、葱，架锅中烧熟"，类似今天的烤鸭，还有一种类似今天的熏鸭，"挼花椒盐、酒，架锅中烧熟，以油或醋浇热锅上，生烟，熏黄香。宜醋"。《金瓶梅》里就有"两只炉烧鸭儿""两盘烧鸭子"之类的美食。

清代《随园食单》中的"烧鸭"做法是"用雏鸭上叉烧之"，陈作霖的《金陵物产风土志》中说："举叉火炙，皮红不焦，谓之烧鸭。"清代烧鸭颇为流行，清代姚元之《竹叶亭杂记》中记载："都城风俗，亲戚寿日必以烧鸭、烧豚相馈遗。宗伯（指乾隆年间大臣、书画家董邦达）每生日，馈者多，是日但取烧鸭，切为方块，置籔箕中，宴坐以手攫啖，为之一快。"至于炙鸭，《金瓶梅》第四十五回里提到的"一碗卤炖的炙鸭"，一看就知道不是烤鸭。宋诩《竹屿山房杂部·养生部三》中炙鸭的做法是"用肥者，全体熬，汁中烹熟，将熟油沃，架而炙之"。

· 明清异彩纷呈的鸭子盛宴

明代宋诩《竹屿山房杂部》中还记载有盐煎鸭、油煎鸭、酱烹鸭、火鸭种种做法。到了清代的《调鼎集》，鸭子的做法更是再度翻新，比如"加香鸭"，做法是把鸭子去掉内脏，填上肥肉片、火腿片和几粒大茴香、丁香。锅底衬上葱姜酒酱之类，放上鸭子，再把锅盖用面糊糊死，等候两炷香的时间就可以开吃。再如"套鸭"，是把脱骨的板鸭填进脱骨的肥家鸭肚里蒸熟。至于"炙鸭"，是用铁叉把鸭子放在炭火上烤，一边烤要一边刷麻油和酱料。《调鼎集》还记载了一种南京的鸭子美食，就是选南京的肥桶鸭，去骨切块，用蘑菇、冬笋煨至五分熟，再放入切块的家鸭和野鸭，加入酒、盐和花椒等继续煨熟，称之为"煨三鸭"。

　　清代最有名的食谱当属袁枚在南京撰写的《随园食单》，其中和鸭子相关的美食，就有"野鸭""蒸鸭""鸭糊涂""卤鸭""鸭脯""烧鸭""挂卤鸭""干蒸鸭""徐鸭"等九种，所谓的"鸭糊涂"，是"用肥鸭，白煮八分熟，冷定去骨，拆成天然不方不圆之块，下原汤内煨，加盐三钱、酒半斤、捶碎山药，同下锅作纤，临煨烂时，再加姜末、香蕈、葱花。如要浓汤，加放粉纤。以芋代山药亦妙"。所谓的"干蒸鸭"，是杭州商人何星举家的特色菜，"将肥鸭一只，洗净斩八块，加甜酒、秋油，淹满鸭面，放磁罐中封好，置干锅中蒸之；用文炭火，不用水，临上时，其精肉皆烂如泥。以线香二枝为度"。《随园食单》中的"挂卤鸭"颇具特色，是"塞葱鸭腹，盖闷而烧。水西门许店最精。家中不能作。有黄、黑二色，黄者更妙"。今天在南京大街小巷到处可以看到挂着"水西门鸭子"招牌的卤味店，实际上水西门的鸭子在清代时就已经享有盛誉。

· 那些有名的烤鸭店

虽然北京的烤鸭店都将历史推到明朝，并且有从南京传入北京的种种传说，但比较可靠的史料都出现在清代。清代北京著名的烤鸭店，据清代李岳瑞的《春冰室野乘》里所录晚清张荫桓的诗，有"廿年京邸相过频，屡困南箕伤溷菌。便宜坊夜炙鸭臛，迢迢情味犹在唇"的记录。这个卖鸭食的便宜坊在当时的北京城应该是非常受欢迎的饭馆，晚清大臣恽毓鼎的《澄斋日记》里，三十七次提到在便宜坊赴约或请客，从晚清吃到了民国，其中1915年正月初六的日记里特别强调，"至便宜坊晚餐，专吃烧鸭"。写《老残游记》的刘鹗，在他的《抱残守缺斋日记》里，也好几次记录和朋友去便宜坊吃饭。这家便宜坊的起源地其实是在南京，《清稗类钞》里说："金陵有便宜坊桶子鸡，京师米市胡同亦有之，虽与烧鸭并称，而鸭则不如他肆，唯鸡独胜，色白而味嫩，嚼之，无渣滓。"这里提到的南京桶子鸡，做法类似盐水鸭，鸡肚子里往往有各种杂碎，一般都是回族人经营。《金陵物产风土志》就曾记载："桶子鸡者，冬日之珍肴也，味与初春盐

明 陈淳 《秋塘花鸭图》

水鸭同。其腹中所有涫而沽之，曰杂碎。"便宜房的鸡一段时间比它的烧鸭还要有名。恽毓鼎《澄斋日记》里还记载了他去过的另一家烤鸭店，就是全聚德。从他的日记来看，当时北京烤鸭有名的店铺还有源兴楼和聚魁坊。《辛亥宫驼记》则说北京"南味斋之酒，杏花村之鱼，江南春之鳖，丞相胡同口之烧鸭，皆擅胜一时"。这些烤鸭店今天都已经消失不见了。

今天提到北京的两家老字号烤鸭店，则往往会讨论到他们采用的焖炉和挂炉的区别，认为焖炉技法源自南京，挂炉则是全聚德的创新。不过从文献来看，明清扬州很早就有挂炉鸡鸭，比如《扬州画舫录》里的"挂炉走油鸡鹅鸭"，北京也很早就有"挂炉肉"。北京鸭子源自南京确实不假，乾隆年间潘荣陛的《帝京岁时纪胜》中说当时北京中秋风俗，"中秋桂饼之外，则卤馅芽韭稍麦，南炉鸭，烧小猪，挂炉肉，配食糟发面团，桂花东酒"。这里的南炉鸭应该和南京有关。

顺便说一下南京有名的桂花鸭，在清代已经很受欢迎。这种鸭子的前身大概是咸鸭，南宋《梦粱录》中称之为"盐鸭子"，元代鲁明善的《农桑衣食撮要》中记载"盐鸭子"的做法是"自冬至后至清明前，每一百个用盐十两，灰三升，米饮调成团，收干瓮内，可留至夏间食"，还是传统的腌腊制品，今天这种盐水鸭的做法在清代已经成熟，当时也叫板鸭（清代有两种板鸭，另一种是腌制的），乾隆《江宁新志》中说："购觅取肥鸭者，用微暖老汁浸润之，火炙，色极嫩，秋冬尤佳，俗称板鸭。"这种板鸭在南京颇受欢迎，《儒林外史》里就有好几次提到它，有趣的是，清代张文虎，号"天目山樵"，评《儒林外史》，特别在板鸭下写了评语说："南京人是板鸭上前。"乾隆年间李化楠的《醒园录》里写到的"风板鸭"，做法是："每鸭一只，配盐三两，牙硝一钱。将鸭如法宰完，去腹内，用牙硝研末，先擦腹及各处有刀伤者，然后将盐炒热，遍擦就好。俟水滚透，放下鸡鸭一滚，不可太久。捞起，即下冷水拔之取起，下锅再滚再拔。如是三五次，试熟，即可取吃。"和今天的盐水鸭做法几乎一样。

　　大概从清代晚期开始，南京人开始把这种板鸭改叫盐水鸭和桂花鸭。民国夏仁虎回忆金陵旧事的《岁华忆语》中就写到南京的"鸭蓄之水塘，听自谋食，故胜于北方填鸭之痴肥。桂花开后，丰腴适口，故谓桂花鸭。当时物力贱，鸭四块曰一买，只青蚨十二枚耳"。那时候一份桂花鸭，售价不过十二个铜板而已。当时的南京还有不少鸭子做法，陈作霖的《金陵物产风土志》中就记载有"杀而去其毛，生鬻诸市，谓之水晶鸭；举叉火炙，皮红不焦，谓之烧鸭；涂酱于肤，煮使味透，谓之酱鸭"，但不管是生的水晶鸭，还是熟的烧鸭、酱鸭，在陈作霖看来，都无法赶得上南京另一种鸭子："皆

清　孙益　《芦鸭图》

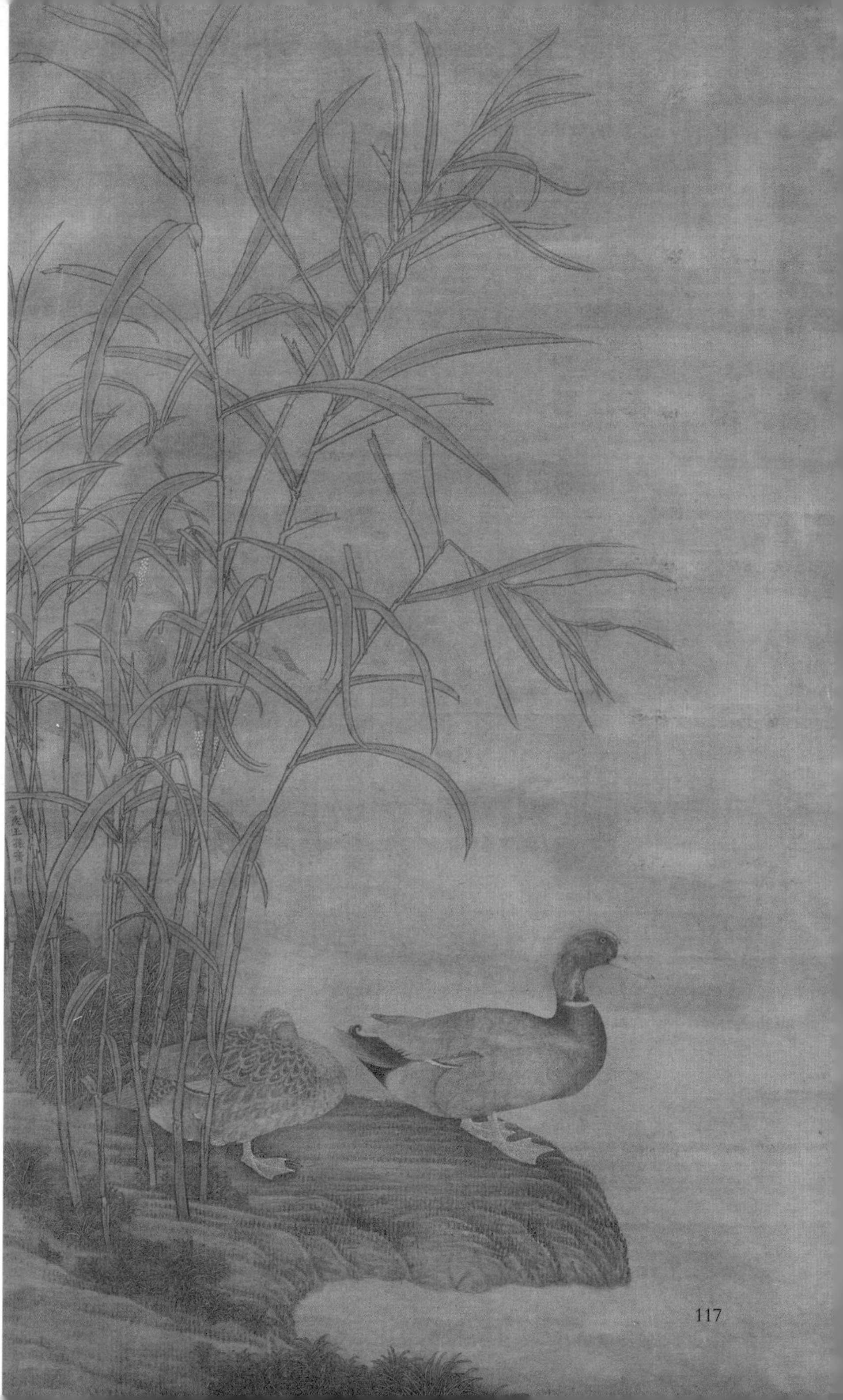

不及盐水鸭之为无上品也。淡而旨，肥而不浓，至冬则盐渍日久，呼为板鸭。远方人喜购之，以为馈献。"盐水鸭也被称为"咸水鸭"，晚清谴责小说《官场现形记》里就提到南京城里的"马二店里，油鸡、烧鸭子、咸水鸭子都有"。在当时的南京，盐水鸭才是"无上珍品"。南京人对盐水鸭的热爱传承至今，丝毫不减。

· 古人的养鸭趣事

有人吃鸭子势必就要有人养鸭子。早在春秋时期，江苏人就已经在养鸭子，还有专门的"鸭城"。《吴地记》云："匠门外鸭城者，吴王筑此城以养鸭。"今天人们将南京戏称为"鸭都"，可谓渊源有自。

两汉三国时期斗鸭成风，贵族养鸭大概都是为了斗鸭，《西京杂记》中记载，西汉景帝之子鲁恭王好斗鸡鸭及鹅雁，养孔雀、鸲鹆，俸谷一年费二千石。到了三国时期，史料中斗鸭的记载尤其多。比如《江表传》，黄初二年（221），魏文帝曹丕曾特地派使节去东吴向孙权讨要斗鸭。而孙权的次子建昌侯孙虑创设了一个"斗鸭栏"，被陆逊劝谏了一番，希望他勤览经典，不要沉迷于这种游戏。斗鸭这种风气到唐代还非常兴盛，唐太宗第五子李祐就特别喜欢养鸭子，估计也是为了斗鸭。贞观十七年（643）春天，他的鸭子被猪（《新唐书》卷三十四说是被猪，卷八十则说是被野猫）咬死了四十多只，头都被咬掉了。这一年李祐举兵谋反，事败被擒，后被赐死，据说同时被杀的同党有四十四人，古人便说前面被咬死的四十多只鸭子便是一种天启式的警告。唐代著名的文学家和书法家李邕写过一篇《斗鸭赋》，其中"迭为擒纵，更为触搏。或离披以折冲，或奋振以前却。始戮力兮决胜，终追飞兮袭弱"，是对斗鸭精彩的文学描写。

民间养鸭当然是为了吃，养鸭法在元代以后的史料中非常多见。《元史》记载，至元七年（1270）"仍令各社布种苜蓿，以防饥年。近水之家，又许凿池养鱼并鹅鸭之数，及种苛莲藕、鸡头、菱芡、蒲苇等，以助衣食"，元代《居家必用事类全集》中记载了"相鹅鸭法""养雌鸭法""选鹅鸭并岁再伏者为种"种种养鸭门道以及"治鸡鹅鸭栖吉日""作鸡鹅鸭栖吉日""买鸡鹅鸭吉日"等讲究。

清代《燕京岁时记》记载当时北京每到二月下旬，"则有贩乳鸡、乳鸭者，沿街吆卖，生意畅然。盖京师繁盛，鸡鹜之属，日须数万只，是皆以人力育之，非自乳也。执此业者，名曰鸡鸭房，在齐化门、东直门一带"。京城每天消耗的鸡鸭数以万计，主要来自鸡鸭房的规模养殖。春天沿街叫卖小鸡小鸭，主要是给普通人家自养。晚清闲园鞠农的《燕市货声》一书中记录了当时卖小动物小贩的吆喝声,其中卖鸡雏、鸭雏、猪秧的叫卖声分别是:"小鸡儿养活!""卖小鸭子来!""卖小猪儿养活!"

我们今天所说的"填鸭"这种喂鸭方式,在清代已经非常普遍。姚元之《竹叶亭杂记》中记载:"鸭必食填鸭。有饲鸭者,与都中填鸭略同,但不能使鸭动耳。蓄之之法,以绍酒坛凿去其底,令鸭入其中,以泥封之,使鸭头颈伸于坛口外,用脂和饭饲之。坛后仍留一窟,俾得遗粪。六七日即肥大可食,肉之嫩如豆腐。"把鸭子养在底部开孔的酒坛里,除了鸭头在坛口外,其他位置用泥封死,每天喂以脂肪和米饭,六七天就能非常肥美。这种肥鸭一只就价值一两多。

江南多水,养鸭更是普遍,清代珠三角地区水网如织布,往往在田间和浅滩养鸭。清屈大均《广东新语》卷二十记载:"广州濒海之田,多产蟛蜞,岁食谷芽为农害,唯鸭能食之。鸭在田间,春夏食蟛蜞,秋食遗稻,易以肥大,故乡落间多畜鸭。"其规模达到"畜鸭者动以数万计"。当地有种鸭船,就是用于饲养和运输的特殊船种。屈大均《翁山侠文集》说:"鸭之船出没其间,以数十百计,以余谷为饭,以蟛蜞、蚬子、花鱼、虾为错。鸭肥大而价贱,不可胜食。"清代《番禺县志》载:"鸭,岁有两次看养,……虽千百成群,以竹竿呼之,各为其群,无一失者。"

南宋 冯大有 太液荷风图

　　清代文学大家朱彝尊写作于康熙十三年（1674）的《鸳鸯湖棹歌》一百首（鸳鸯湖即南湖）记录了嘉兴风土人情，其中便有"村边处处围桑叶，水上家家养鸭儿"之句。张燕昌仿朱彝尊的《鸳鸯湖棹歌》中，也有"放鹤洲前买棹过，家家养鸭水汀多"的诗句。据清梁章钜《浪迹续谈》，朱彝尊和鸭子还有一段奇缘，"又传朱竹垞先生（朱彝尊号竹垞）喜食鸭，一日病中梦游一园，园后推门入，有一大池，池中养鸭无数，问池边叟曰：'此鸭属何家？'叟曰：'当尽以供君食耳。'未几病愈"。之后又过了几十年，朱彝尊又一次生病，梦中又来到这个养鸭大池，"宛然旧游处，则池中仅存两鸭，复问人曰：'前此池中鸭甚多，何以今仅剩此？'则曰：'尽被君吃完矣。'嗒然而醒"。朱彝尊发觉不对，从此下令家人永不食鸭，过了几天，他出嫁外省的女儿从远方来探病，知道他老人家生平最喜欢吃鸭子，就带着两只鸭子来，朱彝尊沉默无言，没过几天便去世了。有人开玩笑说，人一辈子能吃多少食物有定数，吃完就得走人，看来古代确实有这样的传说。

· 被污名化的鸭子

今天"鸭子"往往被当作男性性工作者的贬称。事实上"鸭子"被用作詈语（骂人的话）有着很长的历史，比如《水浒传》第二十四回"王婆计啜西门庆　淫妇药鸩武大郎"，西门庆和潘金莲在王婆的牵线下，在王婆茶房里私通，恩情似漆，心意如胶。好事不出门，恶事传千里。不到半月之间，街坊邻舍都知道了。只瞒着武大郎一个。有个卖时新果品的小厮叫郓哥，拿着一篮子雪梨准备去王婆茶房找西门庆售卖，被王婆一阵打。这一回一开始就写郓哥一气之下就去找武大郎告发，他跟武大郎说："我前日要籴些麦稃，一地里没籴处。人都道你屋里有。"武大道："我屋里又不养鹅鸭，那里有这麦稃？"郓哥道："你说没麦稃，怎地栈得肥膪膪地，便颠倒提起来也不妨，煮你在锅里也没气？"武大道："含鸟猢狲，倒骂得我好！我的老婆又不偷汉子，我如何是鸭？"从这段对话可以看得出来，鸭是指那些妻子出轨的男性。古人认为"鸭必多雄始孕"，所以才有这样的表达。这个用法和"绿帽子"类似。

大概北宋的时候，浙江人就观察到，鸭子这种动物，雌性一定要和多个雄性发生关系才能产卵，如果"一夫一妻"，就没有办法下蛋，所以不把"鸭"当作好词。北宋季裕《鸡肋编》说："浙人以鸭儿为大讳。北人但知鸭羹虽甚热，亦无气。后至南方，乃知鸭若只一雄，则虽合而无卵，须二三始有子。其以为讳者，盖为是耳，不在于无气也。"鲁迅先生在1926年写成的《马上支日记》（原分载《语丝》，后收入《华盖集续编》）中也曾讨论过《水浒传》中这个"鸭"字，其中也引用了《鸡肋篇》这一段记载，认为《水浒传》大概就是浙江人的作品。也有学者仔细观察了鸭子，说鸭子未必有这样的习性，宋代浙江人之所以避讳"鸭"字，大概是当地开始流行"绿头巾"这样的词，而野鸭正好头绿，人称绿头鸭，所以"鸭字"就有了"戴绿帽"的含义。不过绿头巾流行，是元代以后的事情了，可以参读本书中的《绿帽子简史》。

烧烤简史

"归来献所获，炮炙宜霜天"

人类学会用火之后，自然也就很快掌握了烧烤类的烹饪方法。马家浜文化遗址中出土了腰檐陶釜和长方形横条陶烧火架（炉箅），有学者认为由此可以证明，至迟在新石器时代，人们已经熟练掌握了烧烤技术。也有学者认为青海的喇家遗址中发现的用于烹饪的薄石板就是早期的烤炉，就是支起薄石板，在下面烧火，在石板上放食物。实际上这种类似今天铁板烧的烹饪方法，古人称之为"燔"，和称之为"炙"的烧烤不完全相同。上古时期烧烤的细节，尤其是关于原料加工和烧烤器具的细节，今天了解得还不够详细，有待于考古工作的进一步发现。在文明早期，烧烤也是一种重要的祭祀方式，也就是所谓"荐其燔炙"，将烧烤的肉、肝用以祭祖，使得祖先的神灵愉悦。

先秦时期，烧烤被称为"炙"。至少在春秋时期，就已经出现了把肉切成块，再用签子穿起来烤的烧烤形式。

《韩非子》里有个有名的故事，春秋五霸之一的晋文公有次吃烤肉，发现上面居然缠着头发，于是将掌管膳食的官员喊来怒斥："你居然把头发绕在肉上，难道想噎死我吗？！"这个官员不慌不忙，一边磕头一边回应说自己死罪，具体而言"有死罪三"：一是我的刀磨得太快，能切断肉但是居然切不断发丝；二是用木头签子穿肉的时候，居然没有看到头发；三是烤肉的炉子里木炭的炭火赤红，肉都烤熟了，居然没有把头发烧掉。说起来这烤肉里有头发都是我的死罪，想来肯定不是我手下嫉妒我的人干的。晋文公听完他的辩解，也顿时意识到这头发来的蹊跷，找这个官员的手下来盘问，果然是他栽赃陷害。类似的故事在张家山汉简《奏谳书》中也有记载。

从这个记载可以看出，当时的烧烤已经是把肉用刀切成块，再用木制的签子穿起来，最后放在木炭炉烤制，这和今天的烧烤方法别无二致。春秋时期的炭炉，在考古中多有发现。当时的炭炉大都用于取暖，也已经出现用于熏香的熏炉，也有用于烧烤的炽炉。

· 先秦吃烧烤不蘸酱，考古挖出2700多年前的烤肉

今天的烧烤往往撒调料或者刷酱，有的烤肉还会蘸酱吃，比较重视调料的香味。但在记录上古时期礼仪的重要典籍《仪礼》中，明确提出"凡炙无酱"，这并不是说吃烤肉完全不用调料，而是说用于烧烤的肉块，不论牛、羊、猪肉，都会提前用盐加以腌制，所以在食用的时候不再蘸酱。根据后人的解释，主要是不希望用过多的调料，使烤肉失去本味。

儒家六经《诗》《书》《易》《礼》《乐》《春秋》中的《礼》，指的就是《仪礼》，一般认为是孔子编订，其中关于烧烤的记录，有"公食大夫礼"中提到的"牛炙""羊炙"和"豕炙"。公请宾客参加食礼，前后有着复杂的礼节，其中有一个环节，要上烤牛肉、烤羊肉和烤猪肉。当然，吃这种烤肉，是不会蘸酱的。

整个周代烧烤水平最高的人可能是战国时期在齐国都城淄博给齐桓公做过烧烤的易牙，《战国策》中说齐桓公半夜胃口很差，但又想吃点什么，易牙"乃煎敖燔炙，和调五味而进之，桓公食之而饱，至旦不觉"，也就是说易牙使用煎煮烧烤等方法，烹饪了各种美味献给齐桓公，他吃到撑，一觉睡到天亮，醒来后感慨"后世必有以味亡其国者"。包括烧烤在内的美食让齐桓公暗自提醒自己，不能沉溺其中不能

自拔，甚至发出"后代君王一定有因贪吃美味而亡国者"这样的感慨。一顿烧烤让齐桓公开始怀疑人生，可见其美味程度。近年淄博烧烤走红全国，某种意义上正是齐国时期烧烤的流风余韵。易牙被后人视为厨师行业的祖师，后人的美食著作就有《易牙遗意》之类的书名。

除了常见的牛、羊、猪肉，当时也用烧烤的方法料理其他动物及其内脏。例如《礼记》中提到周代一种珍肴叫"肝膋"，做法是："取狗肝一，幪之以其膋，濡，炙之，举燋其膋。"就是用狗肝，蒙上狗肠间的脂肪（也就是狗网油），让脂肪浸润进狗肝，再放在火上烤，使脂肪都焦熟。后人将这道菜列入周代最美味的八珍之一。后代也用牛、羊、猪的肝来做这道菜，称之为"肝炙"。周代也有人吃烤兔肉，《诗经》的《小雅》中有一篇《瓠叶》，主要讲的就是如何把兔子烹调成为佐酒的佳肴："幡幡瓠叶，采之亨之。君子有酒，酌言尝之。有兔斯首，炮之燔之。君子有酒，酌言献之。有兔斯首，燔之炙之。君子有酒，酌言酢之。有兔斯首，燔之炮之。君子有酒，酌言酬之。"其中的炮、燔、炙都是烹饪方式，炮大致是把兔肉裹在泥土里烤，类似后代叫花鸡的做法（叫花鸡的做法在马王堆汉墓出土的帛书《五十二病方》中就有记载，当时认为这是一种可以治疗痔疮的药膳）；燔是把兔肉切开，在烧热的石板上烤，有点类似后代的铁板烧；炙就是典型的烧烤了，把兔肉切块串起来，放在火上烧烤。烤鱼是当时南方的美食，人们称之为"鱼炙"，发生在2500多年前著名的专诸刺杀吴王事件，就是将鱼肠剑藏在烤鱼的腹中，一举刺杀吴王僚。专诸也因此被后人列为四大刺客之一。

值得一提的是，我们在考古中发现了2700多年前的烤肉实物。1985年在新疆巴音郭楞蒙古自治州且末县的扎滚鲁克的古墓群中，出土了两块烤羊排。这两块烤羊排都穿着红柳木枝条，大的一块羊排有十根肋骨，小的则有八根肋骨，现在保存在新疆维吾尔自治区博物馆。红柳烤肉至今仍然是备受欢迎的烧烤类型。除了相当于周代的烤羊排，考古中还发现过一些稍晚一点的烤串，比如同样是在1985年发掘的宁夏中卫市常乐镇汉墓，发现了汉代的羊肉串。

· 汉代图像中的烧烤人

目前能见到的最早的烧烤图像来自汉代墓地的画像石。画像石是当时地下墓室、墓地祠堂、墓阙和庙阙等建筑上雕刻画像的建筑构石，有不少图像描绘历史故事或神仙世界，也有大量图像是对当时现实生活的描述，在这些图像中有不少关于餐饮的内容，也有数量不少的烧烤图像。综合考古报告，江苏徐州、四川新都、长宁、山东微山、诸城、临沂、

徐州铜山区汉王镇出土的汉庖厨图画像石，现藏徐州博物馆

河南洛阳、密县，陕西绥德，甘肃嘉峪关等地出土的汉代画像石中，都有烧烤的图像，从这些图像可以看出，汉代的烧烤水平非常高超，丝毫不亚于今天。

例如江苏徐州铜山区汉王镇出土的汉画像石上的庖厨

129

图，画面分为三层，最上面一层就有一位厨师，一手摇着扇子，一手烤串，烤串的签子分出"U"字形的两个签头。这种两股铁签可能就是古人说的"弗"，读音同"铲"，从字形就可以看出来，它是专门用来烤制两串肉的。我出生的甘肃定西安定区的巉口镇曾出土的一个汉代两股签，刚出土时上面还穿着不少肉块。除了两股铁签，考古中还发现过汉代的三股铁签，例如1983年广州西汉南越王墓出土了五百多件饮食器具，其中包括两架烤炉，两股、三股铁签各一支，孙机先生分别命名为"两岐簇"和"三岐簇"。这一时期冶铁技术大为进步，烧烤签子往往是铁签，烧烤炉中也出现了不少铁炉。

再如山东诸城凉台东汉孙琮墓出土的庖厨图画像石（现藏临沂市博物馆），厨师跽坐，一手持扇，他面前长方形的烤炉上摆满了正在烤制的羊肉串，细细数来，足足有五串，每串有四块肉。在这位烧烤师傅的附近，还有对着切好的肉块忙着串肉的人，画面上还有正在杀羊和传送生肉串以及等待拿熟肉串的人。类似的庖厨图画像石，在临沂市博物馆中藏有多件。

除了画像石，其他汉代文物上偶尔也能见到烧烤图像，例如1996年河北张家口蔚县桃花镇发现的东汉墓中出土了一个彩绘陶灶（现藏蔚县博物馆），其上绘有三位女性厨师正

嘉峪关魏晋墓画像砖《烤肉图》（局部）

在进行烧烤的情景，三人一人切肉，一人串肉，一人手持扇子正在烤肉。

在汉代及以后的墓壁画和画像砖中，人们也发现了不少烧烤图像，洛阳烧沟61号西汉墓中有胡人持长杆铁叉烧烤的壁画，而稍晚的嘉峪关魏晋墓六号墓的一组烧烤主题的砖壁画，更是极为知名的烧烤图像。

当时的烧烤，食材种类非常多。著名的马王堆汉墓出土的遣册（丧葬时记录随葬物品的清单）中记录了大量烧烤类的食物，包括牛炙、牛胁炙（就是烤牛排）、烤牛乘（牛乘就是牛的夹脊肉，也称为牛通脊）、豕炙、鹿炙、炙鸡、犬

131

其劦炙（烤狗排）、犬肝炙、炙鳗、串烤鲫鱼、串烤鲤鱼、烤山芋等。除了常见的肉类外，富有特色的是烤蝉。徐州汉代画像石上有烤蝉的图像，陕西历史博物馆藏有一架绿釉陶烤炉，四个底足为熊形，烤炉沿口有两枚签子，各自串有四只蝉，类似的烤炉在河南博物院也有收藏。

除了出土的画像石，传世史料中也有不少关于烧烤的故事。例如《西京杂记》中说，汉代开国皇帝刘邦非常喜欢的烧烤是牛肝炙和鹿肚炙，具体的烧烤方法，应该和周代的"肝膋"差不多。刘邦在年轻的时候吃过别人赠送的这两种烧烤美味，后来做了皇帝还很怀念当年的美味，在宫中经常让人做这两种烧烤。

· **唐代人用烧烤治病**

烧烤不仅可以解馋，还可以治病。在唐代名医昝殷的食疗方书《食医心镜》中，记录了大量可以用来辅助治病的食品之方，该书原本已经亡佚，但可以通过宋人书籍中的引用还原一部分内容。

《食医心镜》中记载有一种烤猪肝串，可以治疗浮肿、胀满、不下食、心闷的症状，具体的做法是将猪肝洗干净后切块，加上葱白、豉、姜、花椒等腌制，串起来后放在火上烤熟了吃，即可缓解前述症状。《食医心镜》中还记载，把四两猪肝切薄片，撒上芜荑粉末，用事先和好的面裹起来，再用湿纸包起来，放在煻灰中烤熟，可以治疗产后白痢、腹绞痛和不下食。《食医心镜》中又有一种烤野猪肉，把二斤野猪肉切成块，串起来烤，撒上调料，烤好吃掉，可以治疗"久患痔下血不止、肛边及腹肚疼痛"。

在孟诜撰、张鼎增补的《食疗本草》中，也有不少烧烤类的食疗食品，比如有一种烤乌鸡，提前一夜把鸡肉腌好，串起来烤着吃，可以补人虚弱。昝殷《食医心镜》中也有一种"炙雌黄鸡"，可以治疗"下焦虚、小便数"，也就是今天说的尿频，具体做法是把鸡肉烤制，过程中要刷盐、醋、花椒末，空腹服用。

唐代文献中比较独特的烧烤，是刘恂《岭表录异》中的烤蚌肉，这是广西北海一带的采珠人所发明，在采集珍珠后，他们把蚌肉用竹签串起来烧烤，用于下酒。《食疗本草》中说蚌肉可以解酒毒，正是下酒烧烤的好材料。

· **宋元人开吃烤全羊**

宋代人以羊肉为尊，"饮食不贵异味，御厨止用羊肉"。宫廷宴会上的"肉"，一般指的都是羊肉。宋代羊肉地位很高，贫民大都吃不起羊肉，而是选择吃牛肉（当时为了保护耕牛，政府限制牛肉价格，以防人们杀牛卖肉赚钱，牛肉的价格很低，实际上古代牛肉价格都不高，牛肉价格超过猪肉不过是近五六十年的事情）。在宋真宗时期，每年御厨要消耗掉几万只羊。宋仁宗也很喜欢吃羊，他有天跟近臣说自己昨晚想吃烧羊辗转反侧睡不着。近臣问怎么不降旨取索（让人送来），仁宗说一旦取索，就会成为定例，增加很多负担，说不定会成夜杀羊。尽管仁宗如此克制，但御厨一天能用掉二百八十只羊，一年要超过十万头。皇帝们不仅自己吃羊，也喜欢给宰相赐羊，一般是三十头、一百头。羊还是宋代官员工资的一部分，宋真宗时规定，如官员外任无法携带家眷，每月增加工资用于贴补家庭，并发羊，不同职务发两头到二十头不等。这种作为工资的羊称为"食料羊"。

士大夫阶层和市民阶层无不以羊肉为美，羊肉的价格也远高于猪肉和牛肉。仁宗时做过宰相的杜衍"平生非宾客不食羊肉"，只在有宾客来的时候才吃羊肉，这并不是他不喜食羊，而是因为他生活简省，把最好的羊肉留来待客。陆游在杭州做官时，吃到过密院厨房供给的羊肉，特别写诗记录："东厨羊美聊堪饱。"诗下自注："东厨，密院厨也，烹羊最珍。"在民间，羊肉便是美食的代名词，南宋时流行三苏文章，尤其是在三苏的家乡四川，治学无不尊尚三苏，所

元 佚名 《和气图》（局部）

《清明上河图》中的北宋汴梁小吃摊

135

以当时就有"苏文熟，吃羊肉；苏文生，吃菜羹"的谚语。

在这样的背景下，宋代和羊肉相关的名菜数量很多，例如史料中最早的"佛跳墙"这个菜名，就是出现在南宋末陈元靓的《事林广记》，其中最主要的原料是精猪、羊肉。肉切小块，用猪、羊油煎至微熟，加入汤、酒、醋、花椒、杏仁、盐等煨炖，汤汁烧尽，取出肉块焙干，做法和后世的佛跳墙截然不同（清代还有一种叫"佛爬墙"的菜，也和今天的佛跳墙不同，是用猪大肠切段用京葱煨熟）。但说到烧烤，最值得一提的还是烤全羊。

烤全羊最早称之为"入炉羊"，在《东京梦华录》《梦梁录》中均有提及，但较为详细的做法，最早也是记录在《事林广记》，其中有"烧肉炙肉法"，所列的"筵会上烧肉事件"中列有二十五种烧烤，其中就有"全身羊"，做法是"炉内五味生烧"。据王仁兴先生研究，这里的炉是后世所见的砖炉。这里记载的二十五种烧肉，除了烤全羊在炉中烤制外，其他二十四种烧烤都是用签子贯穿后在炭火上烤，并不时浇洒调料水："已上除全羊炉内烧外，皆用签子上插定于炭火内，旋用酥油、盐、酱、细料物、淡醋调作水浇之，常常番转，明黄为度。"调料水用酥油、盐、酱、醋及其他调料制成，烧烤要时时翻转，烤到明黄色就可以开吃了。需要注意的是，《事林广记》虽然成书于宋末，但元代书商在翻刻时经常添加新内容,因此也有人认为这一段关于烤全羊的记载是元人手笔。元代宫廷中也有烤全羊,忽思慧《饮膳正要》中称之为"柳蒸羊",在地上挖坑三尺,砌石做炉,烧到通红,把带皮毛的全羊用铁箅送入,上面盖上柳子,最后把炉封起来。这种烤全羊方法和今天各地流行的烤全羊都不完全相同。

假发简史

"城中好高髻，四方高一尺"

很多人误以为使用假发是近代受西方影响才有的事情，毕竟影视剧里欧洲律师和法官的假发形象让人过目难忘。事实上，中国最晚在西周已经广泛使用假发，《周礼》中记载有官职名为"追师"，其职责是"掌王后之首服，为副、编、次，追衡、笄。为九嫔及外内命妇之首服，以待祭祀、宾客"。这里提到的副、编、次，就是三种不同的假发，虽然自古以来对这三种假发的具体样式众说纷纭，但对假发的性质大都没有争议。其中的"编"，郑玄注云"编，编列发为之，其遗象若今假紒矣"，和后世的假发非常接近。而"副"大约是假发髻，为了固定发髻以及连接真发，往往需要插上发笄，后来慢慢发展出步摇这种首饰。"次"大约是假发束。这三种假发使用的场合不同，"副"用于参加祭祀仪式，"编"用于参加桑蚕仪式,"次"用于拜见君王。可以说追师就是专业管理和制作假发的"美容造型师"。古代和假发有关的词,还有髢(dí)、髲(bì)、鬄(tì)、髻(jiè)、鬏(jiū)髻、假髻、假紒、假结、假头、义髻、覆髻等。早在先秦时期,假发就已经非常精致。无论是传世文献还是出土文物,都讲述了不少有关假发的故事。

· 两位卫庄公的假发奇缘

先秦有几个和假发有关的有趣记载,都和卫庄公有点关系,不过卫国有两个卫庄公,一个是第十二任国君,逝世于公元前735年,另一位是第三十任国君,逝世于前478年,差了两百五十多年。为了区分,前者被称为前庄公,后者被称为后庄公。我们要说的故事一个和前庄公有关,另一个则和后庄公有关。

前庄公的第一夫人叫庄姜,是齐国东宫得臣之妹,《诗经》里著名的《硕人》就是形容她的美貌,诗中"手如柔荑,肤如凝脂。领如蝤蛴,齿如瓠犀。螓首蛾眉,巧笑倩兮,美目盼兮"是形容女性之美的千古名篇。宋代的朱熹还考证说这位庄姜是中国第一位女诗人,认为《诗经》里《邶风》中开篇前五首《燕燕》《终风》《柏舟》《绿衣》和《日月》便是她的作品。除了庄姜，庄公还有个来自齐国的姬妾叫夷姜，夷姜后来又和庄公的儿子卫宣公生下三个儿子（也就是说庄公的儿子卫宣公和自己的庶母生了三个儿子），其中老大叫公子伋，因为卫宣公很宠爱夷姜，便将公子伋立为太子。太子伋迎娶齐国女子宣姜为妻，还没有成婚，他的父亲卫宣公就看上了这个美貌的儿媳，于是横刀夺爱自己给娶了，宣姜为他生了两个儿子。也就是说卫宣公先娶了自己的庶母，后来又娶了自己的儿媳。《诗经》中有一首《君子偕老》，主题就是讽刺这件事，其中有一句形容宣姜的秀发，说"鬒(zhěn)发如云，不屑髢(dí)也"，这里的"髢"就是假发，这句诗翻译过来，就是说她的秀发如云，浓黑稠密，根本用不着假发。从诗句可以看出，在两千六百多年前，使用假发就已经颇为常见了，以至于要用秀发天然、未用假发作为对女性的称赞之词。

后庄公名叫蒯聩，为人荒唐，只做了三年国君。他和孔子生活在同一个时代，"子见南子"的那位南子，就是他父亲卫灵公的夫人，不过他和自己这位嫡母关系很差，好几次准备谋杀她，没能成功。后庄公因为假发丢了性命，《左传·哀公十七年》记载"公自城上，见己氏之妻发美，使髡之，以为吕姜髢"，就是说他曾经干过一个缺德事，看戎州人己氏妻的发髻漂亮，就派人强行剪下，给自己的夫人吕姜做假发。

后来被他迫害的大臣和工匠造反，他又逃到了这个戎州己氏的家里。己氏因为假发的事情本来就恨他，他却拿出一个玉璧想要己氏救自己，说："你救我的命，我就把这块玉璧送给你。"己氏说了句很经典的话："杀女，璧其焉往？"翻译过来就是：我直接把你杀了，这玉璧难道还能跑到哪里去吗？说完就把庄公杀了，抢走了他的玉璧，终于报了当初剪发之仇。

髢和髲都是假发，但这两个词实际上反映了不同的发型。春秋以前，主要的发型是披发和辫发，都是以黑亮长直为美，为了弥补天然头发的不足，所以往往需要接续假发，这就是髢，所以《庄子》中说"秃而施髢"。战国以后，中原开始流行发髻，又可分为垂髻和高髻，垂髻也就是向后垂的发髻，继承了披发、辫发后垂的形态，东汉以后流行盘高髻，发髻盘在头顶，所以假发的形态也随之变化，髲主要就是指这种假发髻。但在后代，这两个词的区分也并不分明，都可以代指各种假发。

· 那些战国与汉墓中出土的假发

出土所见较早的假发实物，来自战国和汉代。这些假发大致可以分为三类：

西汉 彩绘双层九子漆奁 高 19.2 厘米，直径 33.2 厘米

一是假发束。男女性墓葬中均有出土。在长沙楚墓中出土有三件，其中两件相对完好，其一编号 M831：19，共8束，其一编号 M569：130，长42厘米。假发束每次使用时都要和真发一起整理。1972年开始发掘的马王堆一号汉墓出土的一个双层九子漆奁，有九个小盒子，其中一个盒子有盛丝绵一块和假发一束，假发系人发编缀而成。三号汉墓出土的妆奁盒内也有假发一束，三号墓主为男性，说明当时男性化妆也使用假发。

二是假发髻。长沙楚墓中也出土有盘髻三件，其中M1058：15，直径16厘米，M023：18，直径15厘米。1982

年开始发掘的江陵马山一号楚墓中，女性墓主的头发保存完好，长15厘米，并接有40厘米长的假发，假发分为两股，并盘成圆髻，用木笄固定。这种假发制作复杂，但好处在于可以随时摘戴，使用方便。

著名的马王堆一号汉墓的女性墓主辛追夫人的发型呈盘髻样式，后来发现她真发较为稀疏，在真发下接续有不少假发，头上的整个盘髻，基本以假发梳就。发髻上插有三根发笄，就是为了连接和固定假发髻与真发。研究人员对头发进行了检测，发现其血型有A型和B型，说明假发来自他人。马王堆一号汉墓还发掘出一批记载着随葬物品的竹简（遣策简），其中有一条简文写道："员付萎二，盛印、副。"对照出土的物品，这里的"员（圆）付萎"是个圆形的盒子，"副"自然就是假发，在出土的圆盒中确实发现了一束假发，但经研究，系黑色蚕丝，并非人发。

三是假发辫。1990年开始发掘的新疆鄯善三个桥墓中，M10∶21出土了1条假发，用棕色毛发编成，长42厘米。M13∶19出土了两件发饰，均由假辫子、辫罩和头罩组成。据《发掘简报》描述，头发自前向后梳至枕骨处，再一分为二，夹入两条假辫中。头顶盖一圆毡片，并用毛线编成柱状假发髻固定。然后盖上圆形头罩，再套上辫罩。

· 巾帼不让须眉，说的原来是假发？

今天称赞女性经常说她"巾帼不让须眉"，仔细追究起来这话显然有些传统男权主义色彩，为何不说"须眉不让巾帼"呢？不论如何，须眉代指男性，自然是因为男子胡须茂盛，古代女性画眉，往往剃掉眉毛，所以不仅胡须是男性特征，眉也拿来指代男性了。但指代女性的巾帼到底是什么，长期以来颇有争论。

一般巾帼是指妇女的头巾和头发上的装饰物。《说文》："帼，妇人首饰。"

五代 莫高窟第61窟供养人 于阗皇后头顶的假发

但要再追问这个"帼"具体是什么形制，很多人就要被问住了。帼又作"蔮"或"簂"，孙机先生根据《释名》，认为"帼"就是覆发的头巾，又提出"如果进一步将巾帼改用更硬挺的材料制成类似冠帽之物，再装上多件步摇，就可以称之为步摇冠了"。孙先生的观点很有力，但考察其他史料，似乎将巾帼解释为可以戴在头上的形似发髻的头巾更为合理。其材质往往是丝绸或者动物毛发，在某种意义上，巾帼就是一种假发髻。

在巾帼上还可以插上簪笄来固定，《后汉书·舆服下》："太皇太后、皇太后……簪以玳瑁为擿，长一尺，端为华胜，上为凤凰爵，以翡翠为毛羽，下有白珠，垂黄金镊。左右一横簪之，以安帼结。"这里用横簪固定的帼结就是假发髻。如果巾帼上插上步摇，就可以称之为帼步摇。比如《后汉书·乌桓传》中提到乌桓的妇女发型头饰，说"妇人至嫁时乃养发，分为髻，著句决，饰以金碧，犹中国有帼步摇"。根据帼的材质，可以将其称之为某某帼，比如汉代有鬃氂帼、绀缯帼之类，前者的材质是马尾毛，后者则是丝布。

关于巾帼有个有名的故事，在《三国志》的裴松之注和《晋书》中都有记载，说诸葛亮率领的军队多次挑战司马懿，司马懿龟缩不出，诸葛亮便送去巾帼嘲讽羞辱他。《三国演义》第一百零三回"上方谷司马受困　五丈原诸葛禳星"中有演绎："且说孔明自引一军屯于五丈原，累令人搦战，魏兵只不出。孔明乃取巾帼并妇人缟素之服，盛于大盒之内，修书一封，遣人送至魏寨……懿对众启盒视之，内有巾帼妇人之衣，并书一封……司马懿看毕，心中大怒——乃佯笑曰：'孔明视我为妇人耶！'即受之。"这也佐证了前面的讨

145

唐 周昉 《调婴图》中的女子发髻式样

论，当时男女都戴头巾，巾帼被视为女性象征，必然不是普通头巾，而是像女性假发髻一样的头饰。

· **魏晋南北朝：截发延宾的贤母与夺人头发的昏君**

中国古代贤母的代表，有"孟母三迁"的孟子母亲仉氏，有"画荻教子"的欧阳修母亲郑氏，有"岳母刺字"的岳飞母亲姚氏，还有一位就是东晋名将陶侃的母亲湛氏，后人将这几位母亲合称为四大贤母。陶母教子的经典故事与假发息息相关，就叫"截发延宾"。

据《晋书·陶侃母湛氏传》和《世说新语·贤媛》，陶侃年幼丧父，家中极为贫困，与母亲相依为命。同郡有位名士叫作范逵，有一年冬天来陶侃家投宿，随从众多，素来贫

寒的陶家根本无力接待，但陶母对儿子说："汝但出外留客，吾自为计。"她的办法是什么呢？就是去邻居家，将自己的委地长发剪下给人家做了两副假发，换来了数斛米，又回家将房屋中的一半柱子砍下做柴，还把自己家用来坐的草席拿来给客人的马裹上。到晚上的时候，陶母准备了一顿颇为精致的晚餐，连范逵所有的随从也都得到很好的照顾。范逵心知这是陶母的作为，既叹其才识，又深愧其厚意，感慨地说："非此母，不生此子。"后来范逵到了洛阳，就向当时的名流羊晫、顾荣等人宣说陶侃母子的德行，大获美誉。陶侃是一代名将，对东晋的建立和稳定有着重大贡献，后来位极人臣，但"怀止足之分，不与朝权"，在历史上有着良好的声誉，这与母亲的家教息息相关。陶侃的后代中还有一位名气更超他的名人，那就是他的曾孙陶渊明。

著名的暴君后赵石虎有个儿子叫石鉴，也曾靠着冉闵做过三个月皇帝，后来被冉闵所杀。《晋书》卷一百〇六记载，石鉴镇守关中的时候，"役烦赋重，失关右之和"，因为赋役繁重，人民很讨厌他。不仅如此，有个叫李松的朋友还给他出了个馊主意，"文武有长发者，拔为冠缨，余以给宫人"，手下文武官吏，只要头发长一点的，就要抢过来，一部分做冠缨，也就是系帽子的带子，剩下的都拿去给后宫做假发。官吏们头发都被薅没了，有个长史实在忍不住去跟他爹石虎告状，石虎闻言大怒，派了个手下得力干将去调查，发现情况完全属实，这才叫停了石鉴的荒唐举动，把他召回都城邺城。顺便说一句，石虎自己有个夫人，就是因为长发被他相中的，晋陆翙《邺中记》记载："广陵公陈逵妹才色甚美，发长七尺，石虎以为夫人。"大概他并不喜欢使用假发的女子。

· 古人的假发哪里来？

上面这两个故事中，假发的来源分别是因贫出售和仗势欺人，听起来都很极端。但强割他人头发的事在史书中还能见到，比如《三国志》中记录担任合浦、交阯（今我国广西及越南一带）太守的薛综给吴大帝孙权写信，提到海南岛当时之所以失控,"珠崖之废,起于长吏睹其好发,髡取为髲",就是因为官员无故把土著居民的长发剃掉来做假发。当时假发的主要来源还是罪犯,古代有一种剃掉头发的刑罚叫作髡刑,秦汉之际成书的《孝经》中引孔子的话说"身体发肤,受之父母,不敢毁伤,孝之始也",所以剃发也是很严重的惩罚。被剃的头发,就成了假发的合法来源。东汉郑玄注《仪礼·少牢馈食礼》中的"主妇被锡"一句,便说:"被锡,读为髲鬄,古者或剔贱者、刑者之发,以被妇人之紒为饰,因名髲鬄焉。"东汉末年刘熙的《释名》中解释:"髲,被也,发少者得以被助其发也。鬄,剔也,剔刑人之发为之也。"

  假发还有一种来源是别国进贡,史料里记载最多的是新罗朝贡。综合高丽《三国史记》和我国《唐会要》《册府元龟》等史料,唐高宗龙朔二年(662),新罗派人向征东将军苏定方赠送"头发三十两",新罗统一大部分朝鲜半岛后,先后在唐玄宗开元十一年(723)、十八年(730)、二十一年(733)及天宝七载(748)进贡头发,其中部分记录了数量,开元十八年的头发是八十两,开元二十一年的是一百两。唐懿宗咸通十年(869)新罗又一次进贡头发,这次数量更大,包括"四尺五寸头发百五十两,三尺五寸头发三百两"。

  当然,假发未必都是人发,如马王堆汉墓中出土的几种假发,有人发也有蚕丝。唐代有人用狒狒的毛发制作假发。

晋 顾恺之《女史箴图》（局部）

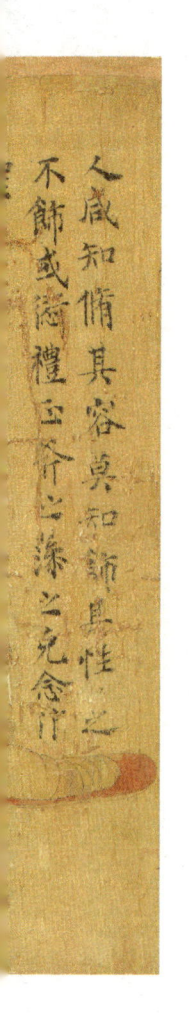

唐段成式《酉阳杂俎》中说："狒狒……状如猕猴，作人言，如鸟声，能知生死，血可染绯，发可为髢。"

假发市场出现和成熟是在宋代，《东京梦华录》记载，开封大相国寺的市集，无所不备，例如有宠物市场，"大三门上皆是飞禽猫犬之类。珍禽奇兽，无所不有"，此外还有一些女尼售卖各种头面首饰，"占定两廊，皆诸寺师姑卖绣作、领抹、花朵、珠翠、头面、生色销金花样幞头、帽子、特髻、冠子、绦线之类"，其中提到的特髻，就是一种盘起如冠的假发。宋代高承《事物纪原》中就说"假髻，今特髻其遗事也"。《清异录》记载唐武宗有次请内供奉吃饭，饭后宫女也都散去，他独自对灯读《尚书》，很晚才回寝宫，王夫人问他今天都做了什么，言下之意就是为何回来得这么晚，唐武宗回答说"绿罗供奉已去，皂罗供奉不来，与紫明供奉相守"，这里的绿罗供奉是真正的内供奉，皂罗供奉就是他的玩笑话，皂罗就是特髻，皂罗供奉其实就是宫女，而紫明供奉则是指灯。到了宋代，《皂罗特髻》成了一个词牌名，苏轼、柳永等大词人都写过。

· 杨贵妃也爱戴假发

古人戴假发，一个原因是各种仪式的需要。在不同的礼仪中，需要戴不同的假发。而更重要的原因则是爱美。秦汉以来流行各种样式奇特的女性发髻，清代陈元龙《格致镜原》中引经据典梳理了一番，这里简单整理一下：秦时有神仙髻、迎春髻、垂云髻、凌云髻、望仙九鬟髻、参鸾髻；汉代有奉圣髻、飞仙髻、十二鬟髻、堕马髻、瑶台髻、新兴髻、椎髻、盘桓髻、倭堕髻、百合分髾髻、同心髻；三国魏晋南北朝时期则有反绾髻、百花髻、芙蓉归云髻、蛾眉惊鹤髻、涵烟髻、芙蓉髻、太平髻、飞天紒、回心髻、归真髻、忽郁髻、随云髻；隋代有九真髻、坐愁髻、凌虚髻、祥云髻、朝云近香髻、归秦髻、奉仙髻；唐代有半翻髻、反绾髻、乐游髻、双鬟望仙髻、回鹘髻、愁来髻、归顺髻、囚髻、抛家髻、朝天髻、流苏髻……从这些唯美的名字就可以看出古代女性为了美在头发上的努力，在各种古代绘画中也可以看到各色让人惊艳的发髻。这些发髻中有不少造型独特，正如汉代童谣所唱："城中好高髻，四方高一尺"，这些流行发式对头发要求很高，很多人依靠自己的真发很难完成，就需要用假发来配合。

　　东晋时候甚至把假发叫"假头"，把借别人假发叫作"借头"，听起来多少有点惊悚。《宋书·五行志》说："晋海西公太和以来，大家妇女，缓鬓倾髻，以为盛饰。用发既多，不恒戴。乃先作假髻，施于木上，呼曰'假头'。人欲借，名曰'借头'，遂布天下。""借头"的人大都是因为自己没有

唐 佚名 《官乐图》右侧四人发式为堕马髻

假发,所以称之为"无头",南朝宋刘敬叔《异苑》中记载:"至于贫家不能自办,自号无头,就人借头。"

所有使用假发的美女中,以杨贵妃最为有名。《新唐书·五行志》中记载:"杨贵妃常以假髻为首饰,而好服黄裙。近服妖也。时人为之语曰:'义髻抛河里,黄裙逐水流。'"最后这句诗是说安史之乱中杨贵妃死于马嵬坡前,尸体被草草处理，头上的假发被随手丢到河里，残存的黄裙在水中随波逐流。这不由让人想起白居易《长恨歌》里的句子："花钿委地无人收，翠翘金雀玉搔头。君王掩面救不得，回看血泪相和流。"

· 潘金莲的银丝鬏髻和无底洞小妖的篾丝鬏髻

明代很流行的鬏髻在元代就已经出现，是一种女性发髻，本来也不是假发，例如关汉卿的《感天动地窦娥冤》中说蔡婆婆"梳着个霜雪般白鬏髻"。到了明代，鬏髻开始演变为罩在发髻上的发罩，也是一种假髻。它的制作方法是用铁丝做环，外面再编上头发之类，所以也被叫作"发鼓"。顾起元《客座赘语》说："以铁丝织为圜，外编以发，高视髻之半，罩于髻，而以簪绾之，名曰鼓。"鬏髻的材质有动物毛发和人发，也有金丝和银丝。《客座赘语》云："常服戴于发者，或以金银丝，或马尾，或以纱帽之。有冠，有丫髻，有云髻，俗或曰假髻。"银丝鬏髻出土较多，例如在上海浦东万历年间陆氏墓和无锡陶店桥万历年间华复诚墓都出土过银丝鬏髻，看起来有点像小圆锥形的丝网帽，但因为是戴在发髻而不是整个头上，一般只有巴掌大小。金丝鬏髻也有出土，但相对较少，浙江义乌嘉靖年间吴鹤山墓出土的金丝鬏髻,看起来像一个小圆帽。鬏髻上可以再插各色簪钗,形成一副完整的头面。

《金瓶梅》中西门庆第一次见到潘金莲时,她的"头上戴着黑油油头发鬏髻",等到第十一回她成了西门庆的侍妾,头上便日常戴起了"银丝鬏髻",打扮得像个"活观音"。书里也提到有更高级的"金丝鬏髻"。而在《西游记》第八十二回,唐僧被陷空山无底洞的女妖精抓去逼婚,悟空八戒等人在寻找师父的路上,八戒"忽见二个女怪,在那井上打水。他怎么认得是两个女怪?见他头上戴一顶一尺二三寸高的篾丝鬏髻,甚不时兴"。大家闺秀都用金丝银丝,这两个无底洞女妖手下的小女妖看起来混得不好,只能戴个篾丝的,是很不时兴的款式。要说时兴,明朝末年就有很多风行一时的鬏髻款式,一直火到清朝,《扬州画舫录》卷九中所载的名目,就有蝴蝶鬏、望月鬏、花蓝鬏、折项鬏、罗汉鬏、懒梳头、双飞燕、到枕松、八面观音鬏之类。

· 李渔的假发指南

文献中最早用"假发"这个词的可能是明末清初的文学家李渔,他对如何使用假发很有心得,在其《闲情偶寄》中有很长篇幅的"美发指南",详细介绍了女性如何使用假发在头顶做出飞龙、游龙、二龙戏珠以及出海龙等样式："肖龙之法：如欲作飞龙、游龙，则先以己发梳一光头于下，后以假髲制作龙形，盘旋缭绕，覆于其上。务使离发少许，勿使相粘相贴，始不失飞龙、游龙之义，相粘相贴则是潜龙、伏龙矣。悬空之法：不过用铁线一二条，衬于不见之处，其龙爪之向下者，以发作线，缝于光发之上，则不动矣。戏珠龙法：以发作小龙二条，缀于两旁，尾向后而首向前，前缀大珠一颗，近于龙嘴，名为'二龙戏珠'。出海龙亦照前式，但以假发作波浪纹，缀于龙身空隙之处，皆易为之。是数法者，皆以云龙二物分体为之，是云自云而龙自龙也。"

清代文人笔记中"假发"一词使用就很多了，董含在《三冈识略》里记载当时女性中流行的"牡丹头"发型："余为诸生时，见妇人梳发，高三寸许，号为'新样'。年来渐高至六七寸，蓬松光润，谓之'牡丹头'，皆用假发衬垫，其重至不可举首。"这又和汉代女性"城中好高髻，四方高一尺"差不多了，发髻如此之高，势必要大量使用假发和支撑物，难怪会重到无法抬头。

·在清代，秃发男性如何拥有一条辫子？

众所周知，清代男性的发型比较独特，都要留辫子，早期是金钱鼠尾辫,此后辫子越来越粗。在清代后期,也流行一种接在辫子上的假发辫子,称之为"辫联",但这种假发辫不是用人发,而是用丝线,李光庭《乡言解颐》中对此记载颇为详细:"虽尺有所短,未必不如人。乃有本不短,而必欲续而补之,使之等身者,辫联是也。昔用假发,如妇人之义髻,今则多用丝线矣。乡俗新婚有以红丝系辫尾者。若京师大撒手辫,则但喜上之松宽,不计下之长短,近日步军统领与热车、淫词、牛屠、雀市、阔套裤,一例示禁,诚善政也。"大约在道光年间被禁止。李光庭为此还写诗一首:"休

清 《苏州市景商业图册》中售卖帽子和假发的小贩

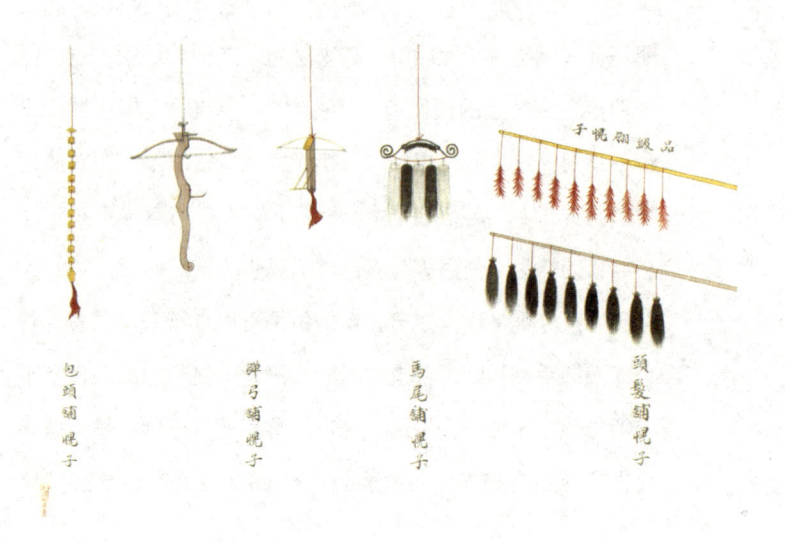

清 周培春 《北京店铺招幌画册》中的头发铺幌子

嗟种种逼华颠,早结绳绳未了缘。客爱貂冠忘续尾,仆愁马腹计加鞭。一丝纵吝平原绣,数缕犹为秃颖延。记否当年调锦瑟,鬓云梳罢理朱弦。"

我们还会想到,清代除了出家人,所有男性都要有辫子,但如果一个人头发天生不多甚至天生头秃怎么办呢?这时候就需要假发辫出场了。《申报》1875年12月25日报道了一则新闻,说有位张阿金开着一家糕店,因为许增希想在他家店铺门口摆摊卖菜而起了口角,最后还打了起来,结果打斗中自己的辫子被许增希整个扯了下来。这事当然闹到了公堂，但相关官员审讯完，就是责备许增希不该和张阿金吵架，对辫子一事却绝口不提。原来被扯掉辫子的张阿金脑袋光光，跟个和尚一样，大家都看出来他的辫子其实是个假发辫。

清代有不少假发店铺。晚清报纸流行后，还有假发店在报纸上打广告，例如上海有家新波利洋行，1903年开始在《申报》《新闻报》等各大报纸刊登"精装假发"的广告，其主要广告词是："兹者本行自英一千八百五十九年至今四十余年，向装男女假发，不论老幼，均能可装，宛如自生之发，自来名驰中外。迩来精而求精，所谓比自生而出色。特此声明，倘赐顾，须认明招牌为记，庶不致误。上海英大马路十五号门牌在四川路南京路喈子新波利洋行启。"

古人洗澡简史

"春寒赐浴华清池，温泉水滑洗凝脂"

我们今天说洗澡这个词的时候，它代表的动作和洗手、洗脚是完全不同的。但在许慎的《说文解字》中，"洗"字的解释是"洒足也"，大概就是洗脚，"澡"字的解释是"洒手也"，大概就是洗手。如果只是洗头，则是"沐"，《说文》云："沐，濯发也。"如果是洗脸，那应该是"靧"，《说文》云："靧，洒面也。"当我们讨论古人洗澡的问题，实际讨论的是"浴"，《说文》云："浴，洒身也。"一起来看看古人洗澡的历史。

· 先秦洗澡有仪式感

在先秦时期，普通人洗澡的频率大概不高，一年中一些固定的时节会举行含有沐浴内容的仪式。《周礼》云："女巫掌岁时祓除衅浴"，郑玄注云："岁时祓除，如今三月上巳如水上之类，衅浴，谓以香熏草药沐浴"，这种香熏草药沐浴，能够清洁身体，也有防祛疫病的作用，在后代的很多节日中保留了这种历史记忆，形成独特的习俗，比如《晋语阳秋》中说上巳"于流水上洗濯祓除，去宿垢，谓之禊。禊者，洁也"。后来形成了三月三日修禊的传统，当然，随着洗澡的普及，这个节日里洗濯的元素越来越淡，在野外水边酒食的禊饮更加流行起来，著名的《兰亭集序》就产生在这样的背景下，大家也可以参看本书中的《春游简史》。

从《论语》中曾皙"莫春者，春服既成，冠者五六人，童子六七人，浴乎沂，风乎舞雩，咏而归"的句子来看，普通人下河洗浴大概是常见的。《山海经》里说："大荒之中，有渊正方，四隅皆通，北属黑水，南属大荒。北旁名曰少和之渊，南旁名曰纵渊。"舜帝就经常在这里洗澡，是"舜之所浴也"。不过在河里沐浴大部分时候都是平民的洗澡方式，对于贵族来说，则有专业的服务人员，《周礼·天官》云"宫人掌王之六寝之修，为其井匽，除其不蠲，去其恶臭，共王之沐浴"，宫人的职责中就包括为王洗浴。此外还有着一套专业的与洗浴相关的礼仪设备。沐浴时用来盛水的礼器叫浴缶，一般都是鼓腹，器型矮胖，口较大，有盖。目前出土有

商 散氏盘（拓片）

数百件，可以大致区分为几个类型。其中河南淅川下寺2号墓出土的一件高49厘米，上有十字铭文："楚叔之孙鄩子佣之浴缶"，比较有代表性。浴缶主要见于春秋中晚期到战国时期的楚国，在受楚文化影响的汉淮流域各国也在使用。盘和鉴是用来盛水的青铜器，有的盘和鉴器型非常大，例如中国国家博物馆的镇馆之宝西周虢季子白盘，长约137厘米，宽约86厘米，高约39厘米，形似一个大浴缸。很多学者认为它当初可能就是用来盛水洗浴的。

虢季子白盘上有111字的铭文，记叙了其主人虢国子白的战功。台北故宫博物院的镇馆之宝散氏盘，大概本来是用于洗手的，上有357字铭文，记录了矢人交给散氏田地之事。这两件青铜器现在虽然都是重要国宝，但它们出土很晚（清代），身上的铭文自然在古代影响不大，洗浴类青铜器铭文中，最有名的莫过于商汤刻在自己洗浴用的盘上的铭："苟日新，日日新，又日新"，大概是提醒自己多洗澡，"如果能够一天新，就应保持天天新，新了还要更新"，它被曾子写进《大学》，收入《礼记》，成为后世儒者的必读经典（到了宋朝，程颢、程颐二程兄弟把它从《礼记》中抽出，编次章句，后来朱熹将其与《中庸》《论语》《孟子》合编注释，便有了《四书》），洗澡也就与修身养德联系起来了，正所谓"儒有澡身而浴德"。北京故宫中就有一间"浴德堂"，据说最早确实和洗浴有关，不过后来成了武英殿中辅助刊印书籍的场所，其得名来源就在于此。与汤之盘铭类似的还有传说中的周武王《盥盘铭》："与其溺于人也，宁溺于渊。溺于渊，犹可游也；溺于人，不可救也。"而魏晋时期傅玄有个类似的《澡盘铭》："与其澡于水，宁澡于德。水之清，犹可秽也；德之修，不可尘也。"

先秦洗澡的仪式感还体现在重要的仪式中都强调沐浴。《论语》中记载，陈成子杀了齐简公，孔子"沐浴而朝"，斋戒沐浴以后上朝去见鲁哀公,报告说:"陈恒把他的君主杀了,请你出兵讨伐他。"孔子见老子是一段佳话,《史记》中记载:"孔子适周,将问礼于老子。"两人相谈甚欢,孔子回来后将老子比喻为龙。但在《庄子·田子方》里,这次见面的情形是"孔子见老聃,老聃新沐,方将被发而干,蛰然似非人"。老子刚刚洗完头,披散着头发等待晾干,望去非常恐怖,根本不像个人。这是《庄子》特有的一种笔法,未必要当作史实。古人在婚礼、葬礼、祭祀和重要宴席活动前,沐浴也是重要的环节之一。比如《仪礼·聘礼》中,便有"三日具沐,五日具浴"的要求。

按照《礼记·丧大记》的规定,人去世之后在入殓之前需要洗澡。这个习俗一直影响后世,不洗澡反而很少见,《晋书·王祥传》中王祥去世前对后人的遗言是"气绝但洗手足,不须沐浴"。这被当成奇闻记录了下来。一般来说,人去世之后处理遗体的顺序是:去世当天沐浴,然后饭含(就是在死者嘴里放东西,最早可能放米饭,汉代以后大都是放一块玉,而且往往雕刻成蝉的形状,这个叫"琀"。有时候为了防止遗体僵硬,无法打开嘴巴饭含,会从牙齿上塞进楔子,这个叫"楔齿"),之后再给遗体穿衣收拾,转入棺中,整个过程叫作"殓",所以《南史·任昉传》中说:"杂木为棺,浣衣为殓。"

· 浴室历史悠久，石虎露天浴室最奢华

浴室很有可能在先秦已经出现。从文献来看，《礼记·内则》云："外内不共井，不共湢浴，不通寝席"，郑玄注云："湢，浴室也。"（《礼记》成书于西汉，但所载内容多为先秦）。《礼记·玉藻》提到人们在叫作"杅"的木盆里洗澡，"浴用二巾，上绨下绤，出杅，履蒯席，连用汤，履蒲席，衣布晞身，乃屦，进饮"。大意是，洗澡的时候要用两种浴巾，绨巾（细葛布浴巾）用于擦拭上身，绤（粗葛布浴巾）用来擦拭下身，出了浴盆，要站在蒯草席子上，用热水冲掉脚上的脏污，再站到蒲草席子上，裹上白麻布，等身子干透，这才穿上鞋（和衣服），再来喝酒。从考古来看，1974—1975年发掘的秦咸阳一号宫殿遗址，宫殿分层建于夯土高台的台顶、台腰和台底。其中台腰这一层有北二南四共六室，其中南侧的东头第一室方砖铺地，设有壁炉和排水池，一般认为就是浴室。

春秋末期楚国有位国君就自杀在自家浴室。楚国白公胜是太子建之子、楚平王之孙，楚平王宠幸奸臣费无极，娶了自己的准儿媳，也就是太子建的未婚妻，还杀了伍子胥的父亲伍奢和哥哥伍尚，导致太子建和伍子胥分别出逃。太子建出逃时带着儿子白公胜，后来太子建在郑国被郑人杀死，白公胜逃到吴国，后来被楚国令尹子西接回到了楚国。他因为父亲死在郑国，总想攻打郑国报仇，但子西迟迟不肯出兵，甚至还接受了郑国的贿赂，这让他非常愤恨。于是在公元前479年，白公胜发动政变，杀了子西，囚禁了楚惠王，自立为楚王。但国内有人起兵勤王，白公胜兵败后自缢而死。据《淮南子·道应训》记载，他"死于浴室"。前面提到的伍子胥，后来投靠吴国，在公元前506年率领吴军攻入楚都，刨了楚平王的坟，鞭尸三百，以报父兄之仇。

古代最豪华的浴室主人可能是十六国时期后赵皇帝石虎。晋代王嘉《拾遗记》记载，石虎创设了一种露天的四时浴室，用瑜石碔砆等类似美玉的石头做堤岸，用琥珀做长勺。夏天的时候"引渠水以为池，池中皆以纱縠为囊，盛百杂香，渍于水中"，到了寒冬，则"作铜屈龙数千枚，各重数十斤，烧如火色，投于水中，则池水恒温"，取名"燋龙温池"。他有时用凤文锦步障将这个露天浴室遮挡起来，与"宫人宠嬖者解媟服宴戏，弥于日夜"，在浴室中淫乱，被称为"清嬉浴室"。洗浴后将浴池中的水排出宫外，这里的水渠叫作"温香渠"，附近很多人争着抢这个洗澡水，如果能带回家一升两升，"其家人莫不怡悦"。随着石氏政权的破灭，这个"四时浴室"也随之被夷为平地。

· 汉代官员有洗澡假

古人将放假叫作"休沐",这是汉代的制度,顾名思义就是放假让官员洗澡。汉代"吏得五日一休沐,言休息以洗沐也",当时的工作时长是每五天休息一天(即工作四天休息一天)。一直到唐高宗李治永徽三年(652),才改为每十天休息一天(即工作九天休息一天),唐代韦应物《休暇日访王侍御不遇》诗云:"九日驱驰一日闲,寻君不遇又空还",说的便是这个假日,后人将每月上、中、下旬称为上、中、下浣,将休假称为休浣,就是来源于此。

汉代有个和休沐有关的故事,是关于汉文帝与邓通的。《史记》记载:"邓通,蜀郡南安人也,以濯船为黄头郎。孝文帝梦欲上天,不能,有一黄头郎从后推之上天,顾见其衣裻带后穿。觉而之渐台,以梦中阴目求推者郎,见邓通,其衣后穿,梦中所见也。召问其名姓,姓邓,名通。文帝说焉。尊幸之日异。"邓通得到汉文帝宠爱,也很是谨小慎微,"通亦愿谨,不好外交,虽赐洗沐,不欲出"。这里的"洗沐"指的就是假期,邓通受宠后老实谨慎,不喜和外人交往,即使文帝赐他休假,他也不愿外出。文帝为此更加宠爱他,赐给大量财产,官至上大夫。但文帝去世后,邓通却被饿死。

汉代还有一个故事是关于霍光和上官桀。汉武帝去世时立少子刘弗陵为太子，霍光、上官桀、金日䃅、桑弘羊受遗诏辅政，弗陵即位后，委政霍光，《汉书》载："光时休沐出，桀辄入代光决事。"一到霍光休假，上官桀便趁机去发号施令。这两人本来是儿女亲家，上官桀的儿子上官安娶了霍光的女儿为妻。但后来两家关系破裂，上官家准备除去霍光，事败全族被诛。

汉代以后，休沐只是作为休假的代名词，本身和洗澡已经没有太多关系了。南北朝时期，官员们在休沐时各有休闲之道。南朝齐大臣周颙，在钟山边上建了一座别墅，休假的时候便去体验隐居生活，"立隐舍，休沐则归之"。南朝梁代大臣徐勉告诫自己的儿子，"古往今来，豪富继踵，高门甲第，连闼洞房，宛其死矣，定是谁室？但不能不为培塿之山，聚石移果，杂以花卉，以娱休沐，用托性灵"。让他不要执着于钱财房舍，但不妨在休假时种花植树。

· 腊八节原来的习俗不是喝粥是洗澡？

腊八节是佛教进入中国后，和传统的中国祭祀习俗结合而形成的一个节日，从南北朝一直延续至今。提到腊八节，我们想到的都是腊八粥，但实际上北宋以前，腊八的习俗是灌佛和沐浴。灌佛的缘由主要是北方长期以腊月八日作为佛诞日，这里不展开谈。主要说一说沐浴相关的话题。

关于洗浴，传东汉安世高译《佛说温室洗浴众僧经》中记载，医王耆域"欲请佛及诸众僧菩萨大士，入温室澡浴，愿令众生长夜清净秽垢消除不遭众患"，佛为其说澡浴之法，并说浴僧有七种福报：一者四大无病，所生常安，勇武丁健，众所敬仰；二者所生清净，面目端正，尘水不著，为人所敬；三者身体常香，衣服洁净，见者欢喜，莫不恭敬；四者肌体濡泽，威光德大，莫不敬叹，独步无双；五者多饶人从，拂拭尘垢，自然受福，常识宿命；六者口齿香好，方白齐平，所说教令，莫不肃用；七者所生之处，自然衣裳，光饰珍宝，见者悚息。

但腊月八日浴僧习俗的出现，则与《譬喻经》中的一则记载直接相关。宋代高承编撰《事物纪原》中云："《譬喻经》云：'佛腊月八日降伏六师，投佛请死，言佛以法水洗我心垢，今我请僧洗浴，以除身秽，仍为常缘。'则设浴之事，西域旧俗也，亦今腊月灌佛之始。"高承这段材料可能来自唐道世法师，其《诸经要集》卷八、《法苑珠林》卷三十三中都曾辑录或引用《譬喻经》原文，并有按语云："今腊月八日洗僧唯出此经文。"事实上，这一经文很早就广泛流传，梁僧祐大师《出三藏记集》中就著录有单独流传的《腊月八日浴缘记》，其对中国佛教徒的宗教生活必然产生影响。唐代诗人孟浩然《腊月八日于剡县石城寺礼拜》诗中云："讲席邀谈柄，泉堂施浴衣。愿承功德水，从此濯尘机。"其言"施浴衣"云云，显然是唐代腊八浴僧的真实写照。宋末陈元靓《岁时广记》记载："京师士大夫腊日多就僧寺澡浴，因饮宴或赋诗，不知其所起也"，是对这一习俗在南宋时期延续的记录。

在敦煌文献中也可以看到腊八浴僧的记载，大英图书馆藏 S.2832《时文轨范》载："腊月八日，时属风寒月，景在八辰。如来说温室之时，祇试浴众僧之日。故得诸垢已尽，无复烦恼之痕；虚净法身，皆沾功德之水。"这是直接将腊八日与《佛说温室洗浴众僧经》联系起来。法国图书馆藏 P.3671《杂抄》、大英图书馆藏 S.5658《名珠玉抄》均载："十二月八日何谓？其日沐浴，转瘴除万病，名为温室浴，今日不绝"，可见腊八"温室浴"的影响之深远。当时敦煌建有洗浴温室，法国图书馆藏 P.3265《报恩寺开温室浴僧记》中记载，温室系"至孝孤子令狐义忠，奉谓（为）考君右骁卫隰州双池府左果毅都尉赐紫金鱼袋上柱国敦煌都水令太原令狐公之建矣。唯公英奇超众，果敢非常，早达五丘，晓之九法。"在敦煌壁画中，也保留着不少洗浴的图像。

· 贵妃出浴：古代的温泉

温泉在古代也称汤泉或汤池。西晋张勃的《吴录》中描述了南京汤山的温泉："丹阳江乘县有汤山。汤出其下，大小凡六处。汤涧绕其东西。冬夏常热。禽鱼之类，入者辄烂。以煮豆谷，终日不熟。草木濯之，辄更鲜茂。"今天这里还是有名的温泉景点。

说到温泉洗浴，我们最耳熟能详的典故之一便是贵妃出浴。白居易《长恨歌》中写道："春寒赐浴华清池，温泉水滑洗凝脂。侍儿扶起娇无力，始是新承恩泽时。"华清池是华清宫中的温泉。唐代郑处诲《明皇杂录》中记载的"秘闻"说："玄宗幸华清宫，新广汤池，制作宏丽。安禄山于范阳以白玉石为鱼龙凫雁，仍为石梁及石莲花以献，雕镂巧妙，殆非人功。上大悦，命陈于汤中，又以石梁横亘汤上，而莲花才出于水际。上因幸华清宫，至其所，解衣将入，而鱼龙凫雁皆若奋鳞举翼，状欲飞动。上甚恐，遽命撤去，其莲花至今犹存。"在扩修华清池时，安禄山送来精致的白玉雕成的鱼龙凫雁及石梁、石莲花。玄宗来这里洗浴时，玉石鱼龙凫雁都蠢蠢欲动，让玄宗大为惊恐，急忙撤去。

《明皇杂录》又记："尝于宫中置长汤屋数十间，环回甃以文石，为银镂漆船及白香木船置于其中，至于楫橹，皆

171

清　顾见龙　《贵妃出浴图》

饰以珠玉。又于汤中垒瑟瑟及沉香为山，以状瀛洲方丈。"五代王仁裕的《开元天宝遗事》中也记载，华清宫中除了"供奉两汤外，而别更有长汤十六所，嫔御之类浴焉"，当时的奢华程度可见一斑。

古人将温泉分为硫黄汤和朱砂汤。宋代《墨庄漫录》记载："汤泉有处甚多，大热而气烈，乃硫黄汤也。唯利州褒禅山相近，地名平疴镇。汤泉温温可探，而不作火气，云是朱砂汤也，人传昔有两美人来浴，既去，异香郁郁，累日不散。李端叔过浴池上作诗云：'华清赐浴记当年，偶托荒山结胜缘。未必兴衰异今昔，曾经天女卸金钿。'"

· 宋代把公共澡堂叫香水行

公共浴室在唐代开始出现，在政府部门、佛教寺院、道教宫观中都有浴堂，但这些浴室更多是内部使用。宋代以后，开门营业的公共浴室开始普及，民众洗澡有了好去处。

宋代澡堂有自己的标志，往往是在店门口悬挂一个水壶。南宋吴曾《能改斋漫录》卷一云："今所在浴处，必挂壶于门，或不知其始。"当时光顾公共澡堂的不乏名流，比如东坡居士苏轼在元丰七年（1084）前去洗浴，还写了两首诙谐有趣的《如梦令》，其一云："水垢何曾相受，细看两俱无有。寄语揩背人，尽日劳君挥肘。轻手，轻手，居士本来无垢。"其二云："自净方能净彼，我自汗流呀气。寄语澡浴人，且共肉身游戏。但洗，但洗，俯为人间一切。"

《水浒传》里有黑店卖"人肉馒头"，宋代也有黑澡堂谋财害命，洪迈《夷坚志补》"京师浴堂"条，就描写了一个北宋末年一家澡堂"勒死"外地客人的故事。不过这个客人后来悠悠醒转，使得这家黑店得以曝光。

宋代寺院的浴室也向民众开放，法门寺碑文中便有"寺之东南隅，有浴室院，或供会辐辏，缁侣云集，凡圣混同，日浴千数"的记载，可见其规模。素来不爱洗澡的王安石，也曾被同僚带去寺院浴室洗澡。寺院洗浴大概需要适当遵守一点宗教仪式，比如洗澡前读《华严经》中"洗浴身体，当愿众生，身心无垢，内外光洁"之类。

宋代公共浴室也叫作"香水行"，南宋《梦粱录》卷十三记载："开浴堂者名香水行"，灌圃耐得翁《都城纪胜》中也说："市肆谓之行者，因官府科索而得此名，不以其物小大，但合充用者，皆置为行……又有异名者，如七宝谓之'骨董行'，浴堂谓之'香水行'。"

香水这个广告词在后代依旧被长期使用。元明之际陶宗仪的《元氏掖庭记》中描写元顺帝每遇三月三日上巳日，"令诸嫔妃被于内园迎祥亭、漾碧池。……池之旁一潭，曰香泉

清 徐扬 《姑苏繁盛图》（局部）中的香水浴堂

潭，至此日，则积香水以注于池，池中又置温玉狻猊、白晶鹿、红石马等物。嫔妃浴澡之余，则骑以为戏"。清代南岳道人的小说《蝴蝶媒》（一名《蝴蝶缘》）的第九回，描写了一段去澡堂洗浴的情景："话说蒋家那院子（院子在这里是指仆役）同着那人转弯抹角走了许多路，将到盘门，那人指着一个浴堂说道:'大叔,这个浴堂今日新开,里面绝精的香水,我做个小东,请大叔洗过浴去。'……那浴堂内果然洁净,每人一个衣柜,衣柜上都编成号数,又有一根二寸长的号等拴在手巾上面。凡洗了浴出来的,那掌柜的验筹开柜,再不得差错。当下,他二人脱了衣服,拿了手巾和号筹,同进浴池。那浴池内香水初热,两人洗了半晌。"清代徐扬《姑苏繁华图》中就绘有乾隆时期苏州的澡堂,便叫作"香水浴堂"。

澡堂也叫"混堂",明代郎瑛《七修类稿》中对混堂的形制有详细的描述,并借一篇《混堂记》对公共澡堂的卫生表示担忧:"混堂,天下有之,杭最下焉。有好事者借喻为记,颇得箴规之义,录以告不知耻者。记云:吴俗,甃大石为池,穿幕以砖,后为巨釜,令与池通,辘轳引水,穴壁而贮焉,一人专执爨,池水相吞,遂成沸汤,名曰混堂,榜其门则曰'香水'。男子被不洁者、肤垢腻者、负贩屠沽者、疡者、疕者,纳一钱于主人,皆得入澡焉。且及暮,袒裼裸裎而来者,不可胜计。苟蹴之,则泥滓可掬;嗅其体,秽气不可闻。为士者每亦浴之,彼岂不知其污耶?迷于其称耶?习于俗而不知之怪耶?抑彼不洁者、肤垢腻者、负贩屠沽者、疡者、疕者果不相浼耶?抑经其浴者,目不见,鼻不闻耶?呜呼!趋其热而已也。使去薪沃釜,与沟渎之水何殊焉?人孰趋之哉!"虽然他对混堂表示批评,却也侧面说明了当时澡堂的风行,人人趋之若鹜。虽然澡堂水很不干净，"人气熏渍，体虚者触之昏晕，名曰晕堂"，但也有偏方用澡堂水来煎药，清代赵学敏《本草纲目拾遗》中就有"饮浴汤水，便可解毒""发痘，杭士元方：痘出八九日黑陷，用混堂水煎药立起"等奇方。

古人有一些关于混堂的精彩诗作。元代谢宗可的《混堂》诗云："香泉涌出半池温，难洗人间万古尘。混沌壳中天不晓，淋漓气底夜长春。"明代沈周的《混堂》诗云："混堂鸣版日初红，怀垢人人向此中。君子欲修除被事，小夫翻习裸裎风。未能洁己嗟先乱，亦复随波惜众同。惭德应多汗难濯，不容便论水无功。"

明代旅行家马欢跟随郑和下西洋，在其旅行记录《瀛涯胜览》中记录榜葛剌国（东印度）"市卖无茶，人家以槟榔待人。街市一应铺店、混堂、酒饭甜食等肆都有"。阿丹国（今亚丁湾也门等国一带）"又有市肆、混堂，并熟食、丝帛、书籍、诸色什物铺店皆有"。

明代后宫还有混堂司，就管澡堂子。刘若愚《酌中志》云："混堂司，掌印太监一员，金书、监工数员。职司沐浴堂子。惜薪司月给柴草，内官监拨有役夫。"后来"事皆废弛。凡内官皆于皇城外有堂子之佛寺沐浴，有选不中净身男子，俗称无名白，即古之私白者，为之擦澡讨赏。该寺僧擅其利，而无名白分其余润。故内官全不来司沐浴也"。宦官大都去京城寺院中的浴室洗澡，服务人员往往是那些自己私下净身但没有入选宫中成为宦官的人，称为"无名白"。

清代刊印的戏曲剧本选集《缀白裘》中也有一些关于混堂的口语表达，如"早点说，等我混堂里去浴也豁豁""区区学生贾志诚，字背党里过光阴。混堂里是我安身之处，赌场中才说我是吃白食个光棍"之类。

说到澡堂还应该提到扬州。扬州人早上去茶楼饮茶，晚上去浴室泡澡，号称"早上皮包水，晚上水包皮"，清代时这里的浴室就已经极为繁荣。《扬州画舫录》卷一云："浴池之风，开于邵伯镇之郭堂，后徐宁门外之张堂效之，城内张氏复于兴教寺效其制以相竞尚，由是四城内外皆然。如开明桥之小蓬莱，太平桥之白玉池，缺口门之螺丝结顶，徐宁门之陶堂，广储门之白沙泉，埂子上之小山园，北河下之清缨泉，东关之广陵涛，各极其盛。而城外则坛巷之顾堂、北门街之新丰泉最著。"这些浴室名字很有意思，各有特色。浴室内又分为不同的浴池，根据大小分为大池、中池和娃娃池。"并以白石为池，方丈余，间为大小数格，其大者近镬水热，为大池，次者为中池，小而水不甚热者为娃娃池。贮衣之柜，环而列于厅事者为座箱，在两旁者为站箱。内通小室，谓之暖房。茶香酒碧之余，侍者折枝按摩，备极豪侈。男子亲迎前一夕入浴，动费数十金。除夕浴谓之洗邋遢，端午谓之百草水。"浴室内设有"暖房",提供各种酒水,且提供高端按摩服务。清代《望江南百调》词中说:"扬州好,沐浴有跟池,扶液随身人作杖,摩沙遍体客忘疲,香茗沁心脾。"

· 外国人眼中的中国澡堂

中国人对澡堂习以为常,往往记录不多,但来华的外国人会觉得中国澡堂很值得记录。宋代来华的日本僧人成寻,在宋神宗期间来华巡礼九年,并最终圆寂在北宋首都东京汴梁。他所撰写的《参天台五台山记》,就多处记载有在浴堂付费洗澡的细节,如宋熙宁六年(1073)四月七日,"今日行南浴堂沐浴了,与百文了"。同月十四日,"戌时,行浴堂沐浴了。实与三十文了"。五月五日"未时,以轿子行浴堂,沐浴了"。成寻还提到杭州的浴堂"极洁净也"。

记载过杭州浴室的还有元代来华的意大利人马可·波罗。他在其著名的游记中是这样说的:"街道上有许多澡堂,有男女仆人服侍入浴。这里的男女顾客从很小的时候,就习惯一年四季都洗冷水浴,他们认为这有益健康。不过这些浴室中也有温水,专供那些不用冷水的客人使用。所有的人都每日沐浴一次,特别是在吃饭之前。"他还写到了当时中国整体的洗澡情况,"这个国内不缺少树木,不过因为人们众多，灶也就特别多，而且烧个不停，再加上人们沐浴很多，所以木材总是供不应求。每个人一星期至少要洗三次热水澡，要是冬季，如果力所能及，他们也会一天洗一次"。

马可·波罗游记的可靠性有时候被怀疑，元末明初朝鲜人学习汉语的教材《朴通事》中的对话提供的细节可能更为准确（当时是朝鲜李朝时期，主要的汉语教材有《朴通事》和《老乞大》两种）。《朴通事》很像今天我们使用的一些英文教材，全书采用对话方式，模拟在不同情景下的对话。其中有段关于澡堂的对话如下：

孙舍，混堂里洗澡去来。

我是新来的庄家，不理会的多少汤钱？

我说与你，汤钱五个钱，挠背两个钱，梳头五个钱，剃头两个钱，修脚五个钱，全做时只使得十九个钱。我管着汤钱去来。

衣裳、帽子、靴子都放在这柜里头，分付这管混堂的看着。

到里间汤池里洗了一会儿，第二间里睡一觉，又入去洗一洗，却出客位里歇一会儿，梳刮头，修了脚，凉定了身己时，却穿衣服，吃几盏闭风酒，精神更别有。你休怪，到家慢慢地与你洗尘。

《朴通事》这类汉语教材还兼具旅行指南的功能。通过这段对话，可以完整地了解到当时澡堂的规模、服务和价格。我们可以看到澡堂提供洗浴、挠背、剃头、梳头、修脚、酒水等多元服务，泡澡前可以将衣物放入衣柜，浴池有洗浴和睡觉空间，总的来看和今天的浴室没有什么两样。只是这家"孙舍混堂"似乎没有"特价套餐"，他说"汤钱五个钱，挠背两个钱，梳头五个钱，剃头两个钱，修脚五个钱，全做时只使得十九个钱"。人们会下意识地认为做全套肯定有折扣，实际上加一下这些数字，就会发现毫无优惠。

· 唐代以来人们的洗澡日常

古代绘画里有不少浴婴图，如唐代周昉的《戏婴图》、宋代的《浴婴仕女图》之类，这反映的是唐代以来的"浴儿"习俗，唐代宗李豫出生后，"上幸东宫，赐之金盆，命以浴"。这种仪式往往是在孩子出生之后第三天举行，因此也叫"洗三礼"。白居易的"洞房门上挂桑弧，香水盆中浴凤雏"，就是为他的朋友崔侍御孩子出生三天后洗三而作。皇家生子女，往往还要在这天派发"洗儿钱"。宋代普通人家也要到处发发红包，欧阳修《洗儿歌》就说："翁家洗儿众人喜，不惜金钱散闾里。"

苏轼的弟弟苏辙有了孙子，苏轼写的诗中说："况闻万里孙，已报三日浴。"苏轼自己的孩子出生后，他写了首著名的《洗儿诗》："人皆养子望聪明，我被聪明误一生。唯愿孩儿愚且鲁，无灾无难到公卿。"这说给刚出生的孩子听的话，实际上是对自己生平遭遇的不满、倾诉和反讽。很可惜的是，苏轼这个儿子没活过一岁就死掉了，没有实现父亲对他"无灾无难"的期望。后人还写了不少《反洗儿诗》，表达和苏轼截然不同的诗意，比如明代杨廉有一首打油诗："东坡但愿生儿蠢，只为聪明自占多。愧我生平愚且蠢，生儿何怕过东坡。"晚明林希元的一首诗说："庭竹偶添栖凤枝，忽承坡老洗儿诗。未闻公相皆愚鲁，我滞天涯自数奇。"洗三这个习俗一直持续到民国时期。

除了去澡堂，人们也在自己家中沐浴，大部分人洗澡盛水还是用木盆。在敦煌壁画和古画中可以看到相关的图像。当然也有人洗澡非常奢靡讲究，《宋史》中记载蒲宗孟生性奢侈无度，日常盥洗分为小洗面、大洗面、小濯足、大濯足、小澡浴、大澡浴六种类别，"每用婢十数人，一浴至汤五斛"。当然也有对洗澡毫不在意的，最有名的便是王安石。宋人笔记中记载，王安石面门黧黑，门人非常担忧，找了医生来看。医生一瞅，说这脸色虽然很暗黑，但这不是病，是因为他太久没有洗脸了。脸都不怎么洗，澡就更懒得洗了。《石林燕语》

南宋 佚名 《仿周昉戏婴图》

便说他"性不善缘饰,经岁不洗沐,衣服虽弊,亦不浣濯",甚至可以一年不洗澡,衣服也从来不洗。他的朋友看不下去,每隔一两个月就把他拉到附近的寺庙浴室里去洗澡,还轮流给他准备新衣服,帮他拆洗旧衣服。王安石每次出浴,看到有新衣服,就往身上穿,也不管哪里来的。有趣的是王安石的夫人却有洁癖，《萍洲可谈》中说，一日"忽有猫卧衣笥中，夫人即叱婢揭衣置浴室下"，连被猫睡过的衣服都不能忍受。懒得洗澡的也不只王安石，欧阳修《归田录》中说梅询性喜熏香，而窦元宾性懒惰不喜沐浴，故时人称之为"梅香窦臭"。要说洗澡不勤快，其实唐代白居易也算一个，他的《沐浴》诗中说："经年不沐浴，尘垢满肌肤。今朝一澡濯，衰瘦颇有馀。"看来和王安石不相上下。

"铁锅炖自己"也是一种沐浴方式，称之为"浴锅"。清泾上筠坪老人的《道听途说》中说："宣邑麻姑山，与南湖接壤。其间居庐丛杂，风俗朴陋，家置一泥灶，以安巨釜。时逢炎夏，拨火煮汤，男女老幼，以次就浴于中，曰浴锅。"清代曹庭栋《养生随笔》中也记录了这种澡浴方式，"有砖筑浴室，铁锅盛水，浴即坐锅中，火燃其下，温凉唯所欲，非不快适。曾闻有入浴者，锅破遂堕锅底，水与火并而及其身，呼！可以鉴矣！"在锅里洗澡，冷热随时调整，冷了加火，热了加水，但有人坐进去不小心把铁锅给坐穿了，人掉进了火堆里，又被淋了一身热汤，历史告诫我们，"铁锅炖自己"的时候或许应该选个结实的锅。

明代沈德符《万历野获编》中记录日本风俗时，也提到浴锅，不过是说那里不使用浴锅："日必再浴，不设浴锅，但置密室，高设木格，人坐格上，其下炽火，沸汤蒸之，肌

隋 敦煌莫高窟 302 窟壁画 汤水浴

五代 敦煌莫高窟 146 窟壁画 僧人洗头

热垢浮，令童子擦去，然后以水从顶灌之，大抵其好洁如此。"从描述来看类似蒸桑拿。这段资料有不少讨论古代洗浴的文章引用，但都误以为是中国很早就有桑拿。

古人还一度用洗澡来防止考试作弊。《金史》卷五十一载，当时科举考试，为了防止考生作弊，不仅要配军士巡护，"凡府会试，每四举人则差一人，复以官一人弹压。御试策进士则差弩手及随局承应人，汉进士则差亲军，人各一名，皆用不识字者，以护卫十人。亲军百人长、五十人长各一人巡护"，还要对考生严格搜身，以至于"解发袒衣，索及耳鼻"，大为不雅。于是泰和元年（1201），有人提出可以用洗澡的方式，考生洗完澡，再换一身新衣服，便可以彻底解决作弊了。金章宗大为认同，"上从其说，命行之"，金代便有一段时间以洗澡来预防科举作弊。

绿帽子简史

"伎女紫衣盘小髻，乐工咸着戴青巾"

"绿帽子"用来形容妻子出轨，是一个有很长历史的词汇，至今依然活跃在日常语言中，明清时候也叫"绿头巾"。晚清四大谴责小说之一的《二十年目睹之怪现状》，有一回写妻子在心里编排丈夫："这个乌龟自己情愿拿绿帽子往脑袋上磕，我一向倒是白耽惊怕的了。"回顾绿帽子一词的演变史，不仅仅是一个有趣的八卦，实际上也能帮助我们理解民俗文化中的一些细节。

· 绿头巾本是低贱人所戴

我们今天把头上戴的服饰都叫帽子，但在古代有着复杂的区分，比如"冠"是贵族男子所戴的"帽子"（和今天的帽子区别很大），贵族少年在成年时要举行"冠礼"，在冠里又有两种比较尊贵，一种是冕。最早是天子和士大夫在祭祀时所戴，后来就有了成语"冠冕堂皇"，我们在影视剧中经常可以看到帝王戴着冕，冕的前后垂着一串串像珠帘一样的珠子（实际上是圆珠形状的玉），这个叫旒，天子的冕前后各有十二旒，共有二十四串圆珠（也有人认为前后各有六串，一共十二串），诸侯以下数量依次递减，到后来只有天子才能戴冕，这种帽子就成为帝王的"限定款"。王维的诗"九天阊阖开宫殿，万国衣冠拜冕旒"，用的就是这个典故。韩国的景福宫里就挂着王维的这一联，大概他们当年也有天朝上国的梦想。冠里另一种比较尊贵的是弁，又分为爵弁、皮弁，先秦时期都是只有贵族才能佩戴。爵弁其实就是没有旒的冕。

最早戴冠是贵族身份的象征，庶人是没有资格戴冠的，自然也谈不上有什么"冠礼"，他们头上戴的是巾。《释名·释首饰》中说："士冠，庶人巾。"士和庶人的区分非常清楚。巾最早的用途和我们今天使用的毛巾差不多，就是用来擦拭东西，擦桌子、擦汗之类，有人把这种毛巾搭在头上，就成了头巾。

魏晋以前，头巾都是低阶层的人所佩戴的。用来包头发的头巾叫帻，蔡邕《独断》中说："帻者，古之卑贱执事不冠者之所服也。"帻有两种颜色，黑色和青色。秦代把普通百姓叫黔首，我们今天还在用黎民百姓这样的词，黔和黎都是黑色的意思，本来说的就是他们戴的黑头巾。青色头巾是后代绿头巾的直接来源，我们读古代小说，主人公身边的老仆人都叫作"苍头"，苍就是青色，苍天就是青色的天，苍头的本意是头戴青绿头巾的人，是地位较低的仆从。到了唐宋以后，上到帝王下到百姓都戴巾帻，这种低级头饰就变成了全民爆款，后文还会聊到。

· 头戴绿帽的他做了"主人翁"

馆陶长公主刘嫖是汉代一位风云女性，她是汉文帝与窦皇后的长女，汉景帝的姐姐，汉武帝的姑姑。汉武帝刘彻大概五六岁的时候，头衔是胶东王。刘嫖把他抱在自己膝盖上，逗他说"你想不想讨老婆呀？"胶东王老实地回答："想要老婆"，刘嫖依次指着左右的美貌宫女给他看，指了一百多个，胶东王都说不想要，刘嫖最后指着自己的女儿阿娇，说："阿娇好吗？"小小的胶东王说："好！要是能娶阿娇做老婆，我就用黄金打造一个屋子给她住！"后来刘彻真的娶了阿娇，做了皇帝以后，阿娇就成了他的第一任皇后。所以刘嫖不仅是汉武帝的亲姑姑，也是他的亲岳母。

阿娇的父亲，也就是馆陶长公主刘嫖的丈夫，是堂邑侯陈午。他在世时刘嫖有不少男宠。有个小伙子叫董偃，母亲靠卖珠为生，十三岁时他跟随母亲到刘嫖府上，大家都夸这个男孩子长得清秀，刘嫖见了也很喜欢，就把他留在自己府上抚养。陈午死后刘嫖寡居，董偃逐渐变成了她的情人。董偃的性格"温柔爱人"，因为刘嫖的缘故，贵族、王公、大臣争相与他结交，称其为"董君"。

馆陶长公主为了让董偃得到汉武帝的认可，费了不少心思，她把自己的长门园地献给武帝。又故意称病，武帝前来探望，两人刚寒暄了几句，武帝就直接说："我想拜见主人翁。"长公主一听，就知道董偃的事武帝已经完全知道了，她急忙摘下首饰，光着脚跪在地上请罪，说："我行为不端，辜负了陛下，理应伏诛。"武帝让她起来，她这才穿上鞋子戴上首饰，让董偃从东厢房里出来面见武帝。因为董偃出身卑贱，所以按规矩头上戴着绿帻，也就是绿头巾。汉武帝非但没有责怪，还赐给董偃衣冠。前面提过，冠是贵族才能穿戴，这代表着武帝对他的认可。后来董偃也成为汉武帝的宠臣，经常陪着武帝"观鸡鞠之会，角狗马之足"。虽然东方朔等人多次劝谏，但武帝只是赏赐了东方朔，却没有惩治董偃，不过也开始慢慢疏远他。董偃周旋在政治中心，压力很大，三十岁左右就死了，这时候馆陶长公主还在世，几年之后她去世，明确表示不愿意和丈夫陈午合葬，而要和董偃合

南宋 李嵩 《明皇斗鸡图》

葬，并最终如愿以偿，史家认为这是汉代公主、贵人礼制越轨之事的开端。

按照后世绿帽子的标准，董偃算是让陈午戴了个绿帽子，而且他第一次见汉武帝的时候，头上确实戴着一顶绿头巾，所以有人怀疑绿帽子作为典故始于董偃。但实际上当时所有地位卑贱的人都戴绿头巾。《汉书》里这段文字下颜师古的注释也说："绿帻，贱人之服也。"馆陶长公主和董偃在一起的时候，陈午已经死了，严格来说也不能算绿帽子。而且这故事里虽然有绿帽子，却是戴在董偃的头上，并不是戴在陈午头上。最重要的是，在这个故事发生之后的一千多年里，从没有人用绿帽子之类的词形容女性出轨，所以说，今天看起来这个故事具有一些绿帽子的情节和元素，但显然并不是绿帽子这个典故的真正来源。

· 绿帽子起源于明代初年的乐户吗？

在明代时，南方"绿头巾"这个词已经很流行，意思和今天也完全相同，所以不少明代学者尝试解释。例如郎瑛的《七修类稿》中就将绿头巾的来源追溯到乐人的打扮上："吴人称人妻有淫者，为绿头巾，今乐人朝制以碧绿之巾裹头，意人言拟之此也。原《唐史》：李封为延陵令，吏人有罪，不加杖罚，但令裹碧绿巾以辱之，随所犯之重轻以定日数。吴人遂以著此服为耻。今吴人骂人妻有淫行者曰绿头巾，及乐人朝制，以碧绿之内裹头，皆此意从来。"古代乐人地位低下，明代朱元璋曾下令乐户头戴绿巾。郎瑛又上溯到唐代李封，李封的故事出自唐人封演的《封氏闻见记》。李封担任延陵令的时候，手下犯罪，不加以杖责，而是头上裹上绿头巾表示羞辱。他用这两个例子说明，绿头巾是一个带有侮辱色彩的装束，所以后来被用来形容妻子出轨的男性。这个解释的说服力不是很强，因为有这个侮辱性色彩和妻子出轨之间，没有很好地建立联系。郎瑛自己也意识到这里有漏洞，他又补充说："又思当时李封，何必欲用绿巾？及见春秋时有货妻女求食者，谓之娼夫，以绿巾裹头，以别贵贱。然后知其来已远，李封亦因是以辱之，今则加于乐人耳。"他又进一步找到了春秋时候头戴绿巾的例子。他的这个思路不错，但举的例子不对，前面已经提到了，汉代以前地位低的人都戴青绿头巾。

明代谢肇淛的《五杂俎》中也几次论及绿头巾，卷八中说"绿头巾"和"乌龟"是男子被绿的称谓："今人以妻之外淫者，目其夫为乌龟。盖龟不能交，而纵牝者与蛇交也。隶于官者为乐户，又为水户。国初之制，绿其巾以示辱。盖古赭衣之意，而今亡矣。然里闬尚以绿头巾相戏也。"将根源也追溯到了明朝初年的乐户。在卷十二中又说："绿帻，又其贱者，近代乐工着绿头巾，亦此意也。"进一步解释了为何乐户戴绿帽子就代表卑贱。明代顾起元《客座赘语》中也介绍过明初乐户的绿头巾，"太祖立富乐院于乾道桥。男子令戴绿巾，腰系红搭膊，足穿带毛猪皮靴，不许街道中走，止于道边左右行"。乐人不仅头戴绿帽子，而且不让走在路中间，只能走在路两边，这和今天的乐人明星的待遇相比，实在是冰火两重天。

　　清代史学家赵翼《陔余丛考》卷三十八也讨论了"绿头巾"的问题，是在郎瑛的基础上稍作阐述："明制。乐人例用碧绿巾裹头，故吴人以妻之有淫行者，谓其夫为绿头巾。事见《七修类稿》。又《知新录》云：明制，伶人服绿色衣，良家带用绢布，妓女无带。伶人妇不带冠子，不穿褙子。然则伶人不唯裹绿巾，兼着绿衣。按《唐史》及《封氏闻见记》：李封为延陵令，吏人有罪，不加杖，但令裹碧绿巾以耻之，随所犯重轻以定日数。吴人遂以著此服为耻。明之令乐人裹绿巾或本诸此也。"事实上，郎瑛、谢肇淛和赵翼都没有找到民间称呼绿帽子的真正来源。不仅明代的学者对绿帽子一词的来源有误解，今天不少学者在解说"绿帽子"这个词时，也没有找到真正合理的解释。要真正理解绿帽子这个词，其实要回到元代文献。

·绿帽子实际上始于元代

明初倡优乐户头戴绿巾，其实也不过是延续了元代的政策。《元史·顺帝纪》云："禁倡优盛服，许男子裹青巾，妇女服紫衣，不许戴笠、乘马。"《元典章·礼部服色》中规定："至元五年，准中书省札，娼妓之家，家长并亲属男子裹青巾。"宋末元初的著名学者、书法家赵孟頫，提到"院本中有娼夫词，名曰'绿巾'词，虽有绝佳者，不得并称乐府"。

乐户的妻子往往是娼妓，元代南方，有些乐户经营一种独特的职业，就是家庭妓院，也就是丈夫让自己的老婆卖淫，自己做她的经纪人，这叫土妓或者土窠子。用后人的眼光来看，他们何止是头戴绿帽子，简直是头顶一片大草原。这些乐户头戴绿帽，所以当时人把让自己妻女卖淫者称为"戴绿头巾"者。这种男性在古代也被称为"乌龟"或者"王八"，这是因为头戴绿巾，就很像乌龟的头，所以"戴绿头巾"者也被叫作"龟头"或者"龟"。

对绿巾像乌龟这一点，清代学者翟灏在《通俗编》中有过讨论，但说得最清楚的，莫过于晚清著名的艳情小说《九尾龟》，开宗明义第一回就写："唐时官妓多隶教坊，设教坊司以管领女乐。那教坊中的人役，皆头裹绿巾，取其象形有似乌龟。列公试想：那乌龟一头两眼，不多是碧绿的么？还有取义的一说，是龟不能交，那雌龟善与蛇交，雄不能禁，因此大凡妇女不端，其夫便有乌龟之号。"

和"绿帽子""乌龟"同类的词，古代还有"鸭"，《水浒传》里潘金莲出轨西门庆，郓哥跑去暗示武大郎，问他借鸭饲料。武大郎就说："我的老婆又不偷汉子，我如何是鸭？"关于"鸭"的内容，可以参读本书《吃鸭简史》中"被污名化的鸭子"一节。

· 清代小说中的"绿帽子"书写

明清小说里关于绿头巾、绿帽子的表达比比皆是，这里分享几个后来影响比较大的段落。清代佚名的《蕉窗雨话》里记载了一个故事，是说皇太极的皇后胡后（原型是孝庄皇后）色诱洪承畴，这成为后来清代影视剧里的经典桥段。原文是这样的："胡后悄然以思，有间，频以目视皇太极，两颊晕红，似有所陈白。皇太极曰：'爱卿亦有奇谋秘计，利吾国乎？'胡后秋波莹莹，未遑答奏，一若此中有难言之隐者。皇太极意殊不忍，拥之怀中，低语曰：'苟利社稷，一切便宜从卿。'胡后附皇太极耳絮语良久，语秘莫闻。但见皇太极作色曰：'朕贵为国主，乃为一顶绿头巾压杀耶！'胡后徐曰：'主子勿怒妾，妾岂自谋，为国计耳，听否由主，

清 佚名 《历代帝王贵妃大臣朝服像》中的皇太极便服像、孝庄文皇后像

妾弗强也。'皇太极寻思半晌,怃然曰:'无已,从卿矣,好自为之,毋令后人齿冷。'于是,胡后艳装盛服,屏从人,至囚所。见承畴闭目危坐,道貌岸然,凛乎若不可犯也。悄问曰:'此位是中朝洪经略否?'语音清脆,宛似九啭黄莺。吹气如兰,芬芳沁鼻。承畴冥心待死,闻娇声顿触素好,自不觉目之张也。"

《聊斋志异》中有个经典故事，是"选择原谅"的典范。"邑有快役某，每数日不归，妻遂与里中无赖通。一日归，值少年自房中出，大疑，苦诘妻。妻不服。既于床头得少年遗物，妻窘无词，唯长跪哀乞。某怒甚，掷以绳，逼令自缢。妻请妆服而死，许之。妻乃入室理妆；某自酌以待之，呵叱频催。俄，妻炫服出，含涕拜曰：'君果忍令奴死耶？'某盛气咄之，妻返走入房，方将结带，某掷盏呼曰：'哈，返矣！一顶绿头巾，或不能压人死耳。'遂为夫妇如初。此亦大绅者类也，一笑。"这个小捕快发现妻子出轨，但最终还是选择了原谅，并说出一句经典名言："一顶绿头巾，或不能压人死耳。"这句话在清代晚期非常流行，人们甚至用它来做谜语，吴克岐的《犬窝谜话》中有个射覆谜，用苏五奴的典故"饮亦醉"，射的是《诗经》中的"我龟既厌"，也可以射这句"一顶绿头巾，或不能压人死耳"。

李汝珍的名著《镜花缘》第十二回，借吴之祥的口扯了一大段关于绿帽子的教诲："吾闻贵地有三姑六婆，一经招引入门，妇女无知，往往为其所害，或哄骗银钱，或拐带衣物。及至妇女察知其恶，唯恐声张家长得知，莫不忍气吞声，为之容隐。此皆事之小者。最可怕的：来往既熟，彼此亲密，若辈必于此中设法，生出奸情一事，以为两处起发银钱地步。怂恿之初，或以美酒迷乱其性，或以淫词摇荡其心，一俟言语可入，非夸某人豪富无比，即赞某人美貌无双。诸如哄骗上庙，引诱朝山，其法种种不一。总之，若辈一经用了手脚，随你三贞九烈、玉洁冰清，亦不能跳出圈外。甚至以男作女，暗中奸骗，百般淫秽，更不堪言。良家妇女因此失身的，不知凡几。幸而其事不破，败坏门风，吃亏已属不小；设或败露，名节尽丧，丑声外扬，而家长如同聋聩，仍在梦中。此固由于妇女无知所致，但家长不能预为防范，先行开导，以致绿头巾戴在顶上，亦由自取，归咎何人？"虽然这段文字充斥着封建时代的男权傲慢，但作为了解当时民俗的材料也未尝不可。

赘婿简史

"闻道夫回频蹙额,怕郎归去不归来"

这些年,赘婿逆袭成为不少文学影视作品的主题。中国古代把男子"嫁"入女方,成为女方家庭一员的婚姻方式叫作"入赘",也叫"赘婚",古代典籍里还称之为"入舍",俗语也叫作"倒插门""倒踏门","赘婚"里的男性就是"赘婿"。"赘婚"的历史非常悠久,可以想象,在母系氏族社会,"入赘"是一种寻常的婚姻方式。但到了父系社会,赘婚就变成一种"非同寻常"的婚姻形式了。我们可以简单回顾一下中国的"赘婿历史",从这个角度看看古代的特殊婚姻文化。

· 处处低人一等:三代之内不能为官,还要充军

在前几年热播的影视剧《赘婿》中,武朝公主的驸马,

也是全剧地位最高的赘婿创立了男德学院，让同在婚姻中地位不高的"赘婿"们来学习三从四德。随处可见"以妇为纲"的女权牌匾。

在现代社会，男性婚后到女方家里生活也很常见，人们并不会觉得特别。但在古代，"赘婿"的地位往往不高，这种风气由来已久。1975年，在湖北的云梦县秦代墓葬中出土了一千多枚竹简，这些竹简写于战国晚期到秦始皇时期，这就是有名的睡虎地秦墓竹简。其中定名为《为吏之道》的文本中所附的《魏户律》中记载"廿五年闰再十二月丙午朔辛亥"（十二月初六）的一条政令，翻译成白话文就是"有民众离开居邑跑到野外，跑进孤寡家庭，谋求人家的妇女，这不是国家旧有的现象。从今以后，赘婿不许立户，不分给田地和房屋，其后代三代以后才能做官，而且要在文件上注明是赘婿某某的后代"。

而同一批竹简《为吏之道》所附的《魏奔命律》中也有一段关于"赘婿"的王令。王对将军说，"给人做赘婿的，我很不喜欢。想把他们杀掉，但又担心连累其同一宗族的弟兄，所以现在把他们派去从军，将军不要体恤怜惜他们。在犒赏军士的时候，只给他们三分之一的饭，不要给他们肉吃。攻打城池的时候，哪儿人手不足就把这些赘婿送到哪儿，将军有需要的时候，完全可以拿他们去填壕沟"。可以看到，当时的政令对"赘婿"极为不友好，不仅无法落户，分不到田产房屋，还要被打上低人一等的标签，甚至连后代子孙也要贴上"赘婿后人"的标签，写进身份证明，而且三代之内

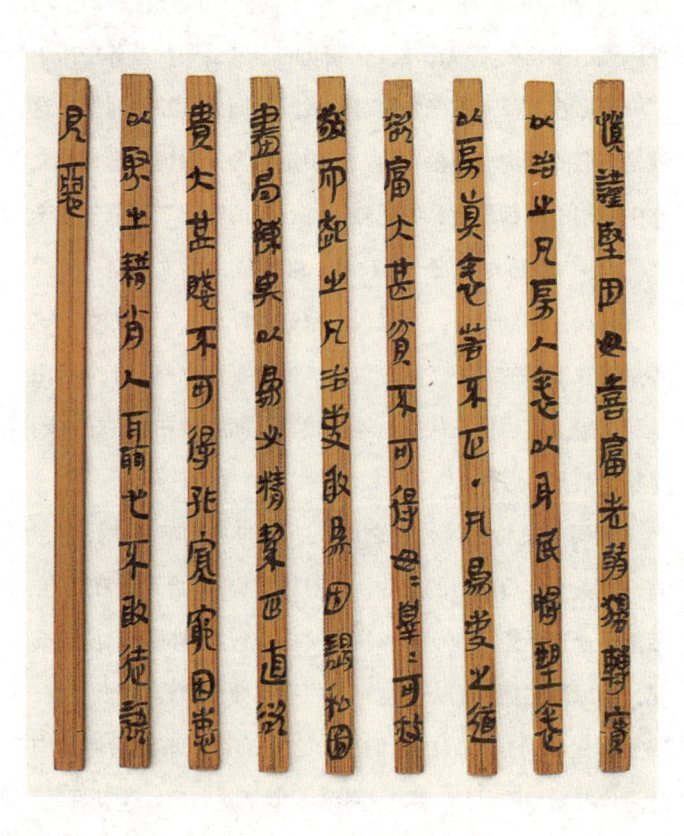

云梦睡虎地秦简《为吏之道》

不能做官。

更狠的是赘婿还要被抓去充军,在军队中毫无人权,专干最苦、最累、最容易牺牲的活,在军队杀牛犒赏的时候,他们也分不到肉,分到的饭也只有其他军人的三分之一。可以说,"赘婿"在当时地位低下,饱受欺凌。

不仅出土竹简记录了赘婿的悲惨地位,传世文献也有类似的记录。司马迁《史记》中记载,秦始皇三十三年,"发诸尝逋亡人、赘婿、贾人略取陆梁地,为桂林、象郡、南海,以适遣戍"。就是征发那些曾经逃亡的犯人、赘婿、商人充军去夺取陆梁地区,在设置桂林、南海、象郡等郡后,又把这批受贬谪的人派去防守。《汉书·晁错传》说:"秦时,北边胡貉,筑塞河上;南攻扬粤,置戍卒焉。……因以谪发之,名曰谪戍。先发吏有谪及赘婿、贾人,后以尝有市籍者,又后以大父母、父母尝有市籍者,后入闾取其左。"

秦朝和汉朝初期,都有所谓的"七科谪",把七类人谪发远征或戍边,虽然不同时期的七类人并不完全相同,但"赘婿"一直都被纳入其中,作为"奴隶兵"充军。

·也有赘婿逆袭成大佬,成语"一鸣惊人"就和他有关

《赘婿》剧中的主角堪称嫁入豪门逆袭成功的经典案

203

例,现实中有这样的爽剧情节吗?先秦时期最有名的赘婿非淳于髡莫属,他堪称逆袭典范。《史记·滑稽列传》记载:"淳于髡者,齐之赘婿也,长不满七尺。"作为齐国的一名赘婿,身高不足七尺,可以说出身卑微,身材矮小,其貌不扬,但他依靠幽默和博学,成为杰出的思想家和政治家。

成语"一鸣惊人",就和淳于髡有关。齐威王在位时恣意作乐,夜夜笙歌,醉生梦死不理朝政,把国事都托付给卿大夫,但这些官吏们腐败怠工,以至于诸侯国一起来犯,齐国危亡只在朝夕之间,却没有一个臣子敢于谏诤的。这时候淳于髡用隐语来劝说:"国内有一只大鸟,栖息在大王的宫廷里,三年不飞也不鸣叫,大王可知道这是为什么?"威王说:"这鸟不飞则罢,一飞就直冲云天;不鸣叫则罢,一鸣叫就震惊世人。"于是上朝召集各县令县长七十二人,奖励了一个,处死了一个,重振军威出战。诸侯国一时都被震慑,纷纷归还了侵占齐国的土地。从此齐国声威盛行三十六年。

齐威王八年,楚国对齐国大举进攻。淳于髡前去赵国搬救兵,赵王给他精兵十万,战车一千乘。楚国听到消息,连夜撤兵离去。他多次代表齐国出使各国,每次都能不辱使命,展现出优异的口才和外交才能。

有一次淳于髡出使楚国,楚王看他矮小,便戏谑道:"难道齐国就找不出一个像模像样的人了吗?而派了先生您来!

先生有什么特长呢?"淳于髡说:"我并没有什么特长,只有腰中七尺长剑,是用来斩杀无状之王的。"楚王惶恐地说道:"请先生息怒,我不过跟您开句玩笑罢了。"

又有一次,齐王派淳于髡出使楚国,礼物是一只鹄。结果才出城门,鹄就飞了。淳于髡带着空鸟笼拜见楚王,说:"齐王派我来向大王献鹄,我从水上经过,不忍心鸟儿饥渴,就放它出来喝水,谁知它竟飞走了。我想谢罪自尽,又担心别人非议您因为鸟兽而致士大夫自杀。我又想买个同样的鹄来替代,但这其实是欺骗您,我不愿意做。所以就带着空鸟笼来了。"楚王听了很感动,说:"你真是齐国最诚实的人。"还重重赏赐了他。

淳于髡的学问也很好,是齐国稷下学宫的元老。他曾多次和孟子辩论,荀子经常向他请教。《吕氏春秋》还记载齐王坚持请他做太子的老师,可见其德高望重。

· 从宋代一场赘婿引发的官司来看,赘婿从来最苦

《赘婿》剧中赘婿时常被刁难,被人看不起,主人公还被卷入家族产业继承的斗争中,现实中,还真有赘婿引发的财产官司。

宋代初年,四川、陕西一带盛行入赘,宋太宗曾经尝试

下令禁止，因为"川陕富人俗多赘婿，死则与其子均分其财，故贫者多"。这个命令没有取得实际的效果，所以后来宋太宗又有一条修订性的诏令，"禁川陕民父母在出为赘婿"，就是说如果父母在世，就不能去做赘婿，换言之，就是默许没有父母养老责任的人去做赘婿。

南宋有部《名公书判清明集》，汇集了南宋时期一些著名官员判案子的判词，是研究我国古代律法非常重要的材料，这部书一共十四卷，有整整六卷是关于户婚的。其中有个关于赘婿的案子，可以让我们大概了解当时社会对于赘婿的态度。

蔡氏宗族中有汝加、汝励兄弟二人，各生梓、杞二子，梓、杞都已经去世，他们去世前各有女儿，但没有儿子，所以都进行赘婚。杨梦登就是蔡梓的赘婿，奉其岳父的生母（蔡汝加的夫人）范氏之命，在蔡氏家族的山上斫伐柴木。结果蔡家族内子弟认为"蔡氏之木，不应杨氏伐之"，群起将杨梦登责打。状告官府后，唤到范氏，老太太说"我只想跟着两个孙婿过活，不愿意再给梓、杞这两人立后"。

所谓的"立后"，就是从宗族里过继孩子到这两人名下，作为这两人的儿子。官府审理认为，杨梦登砍柴被打只是表面问题，深层次的问题在于他的赘婿身份，以及蔡梓、蔡杞没有立后。所以，要求宗族内选人过继，因为过继涉及分财产，大家还有争抢，官府最后要求在官府现场抓阄。抓阄确定了过继人选后，官府将所有的家产、田地、山林等，一半分给过继的儿子，一半分给赘婿，而年老的范氏则由新过继的儿子抚养。

元明清的话本小说里有不少故事的主角就是赘婿，这些故事里往往会引用一些关于赘婿的俗语。比如《醒世恒言》里有个"张廷秀逃生救父"的故事，讲的就是两个赘婿之间的斗争。这个故事里写道："有《赘婿诗》说得好：入家赘婿一何痴！异种如何接本枝？两口未曾沾孝顺，一心只想霸家私。愁深只为防甥舅，念狠兼之妒小姨。半子虚名空受气，不如安命没孩儿。"

清代短篇集《十二笑》里有段俚语："赘婿从来最苦，须奉丈人丈母。若稍失其欢心，帮助女儿欺侮。时常逼赶出门，忍气吞声犹可。倘然不守规条，惹起咆哮如虎。打骂继以奇刑，毒手传闻战股。妇人用尽心机，却笑一毫无补。今朝发露忏悔，闺中休得惨毒。"清代台湾地区有首竹枝词也是关于当地赘婿风俗的，"衣裳红紫妙新裁，赘婿多年笑口开。闻道夫回频蹙额，怕郎归去不归来"。从这些形形色色的俚语短诗里，可以看到当时赘婿的生活图景。

离婚简史

"一别两宽,各生欢喜"

在很多人的印象中,古人离婚是一个很严重的事件,尤其对女方来说,一定会备受非议。但在几千年漫长的时间里,古人的婚姻观念有着反复的变化,不同时期的离婚情形并不相同。离婚本身也是一个很好的观察视角,可以对古人的生活有更多的历史理解。

· 先秦离婚很寻常,孔子全家都离过婚

在先秦,离婚是很常见的事,诸侯国之间的联姻,也经常以离婚告终。《春秋》中说:"凡诸侯之女,归宁曰来,出曰来归。夫人归宁曰如某,出曰归于某。"所谓的"来归"或者"归于某",其实就是离婚后回娘家生活,至于平时回娘家探亲，则叫"来"或者"如某"，用词是截然不同的。《春秋》里就记载了不少离婚的鲁国女子，比如宣公十六年，"秋，郯伯姬来归"，就是指离婚后回娘家生活。这位郯伯姬，是嫁于郯国国君的鲁国女子，被丈夫休弃，又回到了鲁国。再如成公五年，"杞叔姬来归"，是说鲁国有两个叔姬，可能是姐妹二人，为鲁僖公的孙女、鲁文公之女，先是姐姐由鲁僖公做主嫁给了杞国的杞桓公，变成了杞叔姬。夫妻两人关系应该是非常糟糕，杞桓公曾专门跑来鲁国朝见鲁文公，这是他第一次来鲁国见老丈人，但并不是为了表达孝心，而是来告知他自己准备要和老婆离婚的，他要休了杞叔姬。为了维持杞国和鲁国的关系，杞桓公就提出，自己和杞叔姬感情是彻底破裂了，婚肯定得离，但自己可以再娶一个叔姬的妹妹为妻。鲁文公答应了他。姐姐叔姬当年就去世了，这个妹妹叔姬跟杞桓公过了大概三十年后，杞桓公居然又将她给休了，前面引文里的"来归"说的就是这件事情，这时候鲁国的国君已经变成了鲁成公。妹妹叔姬在三年后的成公八年冬天在鲁国去世，《春秋》还特别做了记录："冬十月癸卯，杞叔姬卒。"《左传》解释说"来归自杞，故书"，因为她此前被杞君休弃回国，所以《春秋》才做了记载。类似的例子还有不少，这里不再一一罗列。

《孔子家语》是一部记录孔子及孔门弟子思想言行的

著作，唐代开始就已经有人怀疑其是三国时期王肃所造的伪书，后来又有人认为王肃伪书也已经失传，流传至今的是后人进一步伪造的伪书。但随着大量先秦简帛出土，学术界又开始重新重视其价值，甚至有不少学者认为此书确实是先秦旧籍。《孔子家语》的后序据说是孔子后人孔安国所撰，其中就提到"自叔梁纥始出妻，及伯鱼亦出妻，至子思又出妻"，这就是有名的"孔氏三世出妻"，孔子的父亲叔梁纥离过婚，孔子的儿子孔鲤（伯鱼）也离婚，孔鲤的儿子也就是孔子的孙子孔伋（子思）也离过婚。根据唐代孔颖达对《礼记·檀弓》"子上之母死而不丧"章与"伯鱼之母死"章的疏解，似乎孔子也曾出妻。这个话题自古以来就有学者反复讨论，明清以来学者基本上认为孔子自己不曾出妻，当代学者也有很多讨论，观点不尽一致，大都也倾向于孔子未曾出妻。无论如何，在周代，出妻是很正常的事情，实在不宜戴着后世的有色眼镜去打量评价。元代有人写了篇《孔门出妻辨》，大意就是：凡是认为孔门出妻的，都是学问不醇厚、对圣人信仰不坚定。其卫道之心自然可以理解，但实质上还是用元代的观念去评价孔子时代的生活。在先秦乃至汉晋，离婚很寻常，女性改嫁也很自然，在这一方面很少有道德约束。

实际上不仅孔子一家，孔子最重要的弟子之一曾子（曾参，字子舆）也曾出妻，最早也记载在《孔子家语》，"及其妻以藜烝不熟，因出之。人曰：'非七出也。'参曰：'藜烝小物耳，吾欲使熟，而不用吾命，况大事乎？'遂出之，终身不娶"。故事里的藜有人说是野菜，更多人认为就是梨，因为他妻子蒸梨（或者野菜）没有蒸熟，他就要出妻，和妻子离婚。有人说一个梨而已，又不是什么"七出"的大问题，曾子解释说："梨虽然是小东西，但我的要求是要蒸熟，她却不听我的话，小事都不能按我的要求做好，何况是大事？"最终还是坚定地出妻离婚，并且一辈子都没有再结婚。用现在人的观点来看，这个儒家大师显然过于偏执，或许离婚对两个人都是好事。

孟子也差点跟老婆离婚，汉代刘向《列女传》中记载："孟子既娶，将入私室，其妇袒而在内，孟子不悦，遂去不入。"孟子到卧室，看到自己妻子没穿衣服，孟子就很不开心，掉头而去。于是妻子主动去找婆婆，请求离婚，理由是："妾闻夫妇之道，私室不与焉。今者妾窃堕在室，而夫子见妾，勃然不悦，是客妾也。妇人之义，盖不客宿。请归父母。"我们已经结为夫妻，在自己的房间内都是夫妻之间的私事，他看见我却一脸生气，这是不把我当成自己的妻子，而是把我当成一个住在你们家的客人啊，我请求离婚回父母家。这位婆婆就是有名的"孟母三迁"的那位孟母，这位贤良的母亲知道自己的儿子的举动，是恪守所谓的礼，所以把孟子喊来，从礼的角度批评了一番："夫礼，将入门，问孰存，所以致敬也。将上堂，声必扬，所以戒人也。将入户，视必下，恐见人过也。今子不察于礼，而责礼于人，不亦远乎！"人家在卧室不穿衣服很正常，要说礼，那你上堂的时候就应该出声问候，进门的时候就应该两眼向下，所以是你不讲礼才对。孟子听了幡然而悟，主动去挽回了婚姻，"君子谓孟母知礼，而明于姑母之道"。人们都评价孟母对礼有深刻的见解，尤其善于处理婆媳关系。

· 七出和三不去

前面说到曾子出妻，人们劝他说不在"七出"。七出比较早的完整记载是在汉代的《大戴礼记》，称为"七去"："妇有七去：不顺父母去，无子去，淫去，妒去，有恶疾去，多言去，窃盗去。不顺父母去，为其逆德也；无子，为其绝世也；淫，为其乱族也；妒，为其乱家也；有恶疾，为其不可与共粢盛也；口多言，为其离亲也；盗窃，为其反义也。"同时又强调有"三不去"："妇有三不去：有所取无所归，不去；与更三年丧，不去；前贫贱后富贵，不去。"

七出的第一条是不顺父母。顺从公婆在《礼记》之类的文献中被反复提及，但哪怕妻子对婆婆再顺从，也难免遇到刁蛮不讲道理的婆婆，古代女性因为和婆婆的争执而被出的故事很多，大家耳熟能详的汉代著名的长诗《孔雀东南飞》就书写了这样一段悲剧。诗前小序说，"汉末建安中，庐江府小吏焦仲卿妻刘氏，为仲卿母所遣，自誓不嫁。其家逼之，乃投水而死。仲卿闻之，亦自缢于庭树。时人伤之，为诗云尔"，焦仲卿的母亲不喜欢刘兰芝，认为"此妇无礼节，举动自专由"，就要求儿子和她离婚，焦仲卿不愿，母亲说："吾意久怀忿，汝岂得自由！"这事她说了算。"父母之命"在整个婚姻中都有重要的决定权，这其实是当时一种普遍的社会现象。多年之后陆游与唐婉的爱情故事，也是典型的因为母亲不满而出现的悲剧。

　　七出的第二条是无子，古人经常把《孟子》中"不孝有三，无后为大"挂在嘴边，但生孩子这种事情，总有身不由己的情况。《吕氏春秋》和《淮南子》等书里记载，当时一些女性出嫁，会偷藏一些财物，就是防备着一旦生不出孩子会被赶出家门的情况。有了属于自己的财产，以后回家或者改嫁，日子都会更好过。东汉经学大师贾逵是由姐姐带大并启蒙指导，进而成为一代大师的，他的姐姐之所以从小到大都陪在他身边，主要原因就是此前嫁人未能生子，只能回到娘家生活。七出的第三条是淫乱，第四条是妒忌，第五条是恶疾，第六条是多嘴多舌，第七条是盗窃。在先秦时期，因

213

为这些原因被离婚的女性故事，在《春秋》《诗经》等典籍中都并不少见。

当时的婚姻关系对女性非常不平等，离婚的主导权基本掌握在男方家庭手中，男方完全可以根据自己的意愿选择离婚。先秦贵族的婚礼，从迎亲到正式庙见中间有三个月的时间，女方家中的车马，在这三个月里甚至都不回家，就在男方家里等着，就是怕女子被出弃。但是，古代社会也非常重视家庭的稳定性，男方也不能无缘无故随意抛弃妻子，"三不去"就是对"七出"的补充。第一种情况是妻子的娘家已经没有人，离婚后女方没有办法生活；第二种是妻子为男方父母服丧，有恩于男方；第三种是贫贱时所娶的妻子，不能在富贵后抛弃。

七出三不去最早是一种礼制，到了隋唐以后，正式被写入法律条文，比如《唐律》中规定，妻子没有"七出"中的情况，但强行出妻的，要"徒一年半"；而妻子虽然符合"七出"的情形，但同时又属于"三不去"的情况，强行离婚，则要把丈夫"杖一百"，并且强制复婚。只有"奸"和"恶疾"不用遵循以上规定。宋代的规定完全和唐代相同。《大明会典》中也有类似的规定，只是刑罚的量度略有变化："凡妻无应出、及义绝之状而出之者，杖八十。虽犯七出，有三不去而出之者，减二等，追还完娶。"

· 唐代：一别两宽，各生欢喜

1900年的时候，莫高窟藏经洞被开启。后来在近八万件敦煌文献中，发现了十多件敦煌离婚文书《放妻书》，其中一件文辞非常有趣：

> 盖以伉俪情深，夫妇义重，幽怀合卺之欢，须□同牢之乐。夫妻相对，恰似鸳鸯，双飞并膝，花颜共坐。两德之美，恩爱极重。二体一心，死同棺椁于坟下。三载结缘，则夫妇相和。三年有怨，则来作仇隙。今已不和，想是前世怨家。眅目生怨，作为后代增嫉，缘业不遂，因此聚会六亲，夫□妻□，具名书之。□归一别，相隔之后，更选重官双职之夫，弄影庭前，美逞琴瑟合韵之态。解□舍结，更莫相谈。三年衣粮，便献柔仪。伏愿娘子千秋万岁。时次×年×月日。

从这份文书来看，他们分手之后，非但没有势同水火，反而非常温柔。先是解释分手的缘由，夫妻因为三世姻缘而结合，本应该恩恩爱爱，双宿双飞，但如果互相之间感情不和，那只能是因为前世有怨，不能强求。更加洒脱的是，丈夫还期盼妻子——他称呼为"娘子"——离婚之后一定要好好照顾自己的仪容，尽早找到称心如意的新伴侣，并且祝福妻子和未来的新欢能够琴瑟和谐。在文书的最后，丈夫期望和妻子离婚之后，双方就再也不要有矛盾争吵，更不要互相有怨恨，而是要"一别两宽，各生欢喜"，两个人从此各自释怀，天高海阔，分别寻找自己真正的幸福快乐。为了表达自己的诚意，丈夫还为妻子送上了未来三年的衣服和口粮钱，作为分手后妻子生活的费用。

像这样的唐代离婚文书，在敦煌文献中还不止这一件，目前发现的大概有十二件。标题除了叫《放妻书》的，还有夫妻相别文书、女性手书和丈夫手书等。另一件某李甲所立的《放妻书》，文字则是：

某李甲谨立放妻书。盖说夫妇之缘，恩深义重，论谈共被之因，结誓幽远。凡为夫妇之因，前世三年结缘，始配今生夫妇。若结缘不合，比是怨家，故来相对。妻则一言十口，夫则反目生嫌。似猫鼠想憎，如狼羊一处。既以二心不同，难归一意，快会及诸亲，各还本道。愿妻娘子相离之后，重梳婵鬓，美裙娥眉，巧逞窈窕之姿，选娉高官之主，解怨释结，更莫相憎。一别两宽，各生欢喜。于时年月日谨立除书。

从这些文字来看,唐代的婚姻爱情,往往比我们想象的潇洒,嫁娶也并不是一定要从一而终。在唐代的《唐律》就规定了离婚有三种途径,第一种就是协议离婚,夫妻双方感情不和,和平分手,"若夫妻不相安谐而和离者,不坐"。这种叫"和离",官方认为双方都不需要承担责任。所谓的"和离",就是夫妻双方感情不和,互相协商确定你情我愿解除婚姻关系,类似今天的"协议离婚"。唐朝以来的律法,都明确支持和离。《放妻书》就是和离的协议书。和离以后,双方再无关系,唐代的律法还规定,如果丈夫去世了妻子改嫁,这个可以称之为"故夫",但和离之后,则不能称之为"故夫"。

《唐律》规定的离婚有另外两种,一种是夫方提出的"出妻",主要的依据就是前面提到的"七出三不去"。另一种是政府发起的强制离婚,发现夫妻双方属于非法违律结婚或者已经彻底"义绝"的,政府会要求他们离婚,后文中会详细讨论。

唐代的女性也有主动离婚的权利,并不完全是丈夫可以任意"休妻",女方只能默默承受。有个笔记小说就记载,有女性告到官府要和丈夫离婚,虽然官员非常不认可这一行为、百般指责这位女性,但女性态度坚决,这个官员也不得不判他们正式离婚。汉魏六朝时期,这种"去夫"的情况很多,例如著名的朱买臣就被妻子抛弃。唐五代到宋初"去夫"还有遗留。在宋代初年,甚至还有一份堪称"放夫书"的文件,也是来自敦煌石窟。是一位叫富盈的人和妻子阿孟的离婚文书,里边说"对众平论,判分离别,遣夫主富盈""自后夫则任娶",是说从此和男方离婚,房产归我,他就此离开。男方以后任意娶谁,都和我没有关系。但到了宋元以后,要求女性严守贞洁的观念不断加强,文献中的"和离"就变得较为少见了。女性单向地解除与丈夫婚姻的"去夫",就更是罕见。去夫和出夫不同,后者一般是针对赘婿,入赘女方家的赘婿被妻子逐出家门,称之为"出夫",前面提到的"放夫书"就是如此,但这在宋代以后也不太多见。

前面提到的"义绝",是法律规定必须离婚的情形。在《唐律疏议》中,详细列举了"义绝"的情形:"殴妻之祖父母、父母及杀妻外祖父母、伯叔父母、兄弟、姑、姊妹,若夫妻祖父母、父母、外祖父母、伯叔父母、兄弟、姑、姊妹自相杀及妻殴詈夫之祖父母、父母,杀伤夫外祖父母、伯叔父母、兄弟、姑、姊妹及与夫之缌麻以上亲、若妻母奸及欲害夫者,虽会赦,皆为义绝。"基本都是夫妻两人中的一人殴打尤其是杀害对方的血亲。凡是夫妻两人中有一人符合上述情况的,

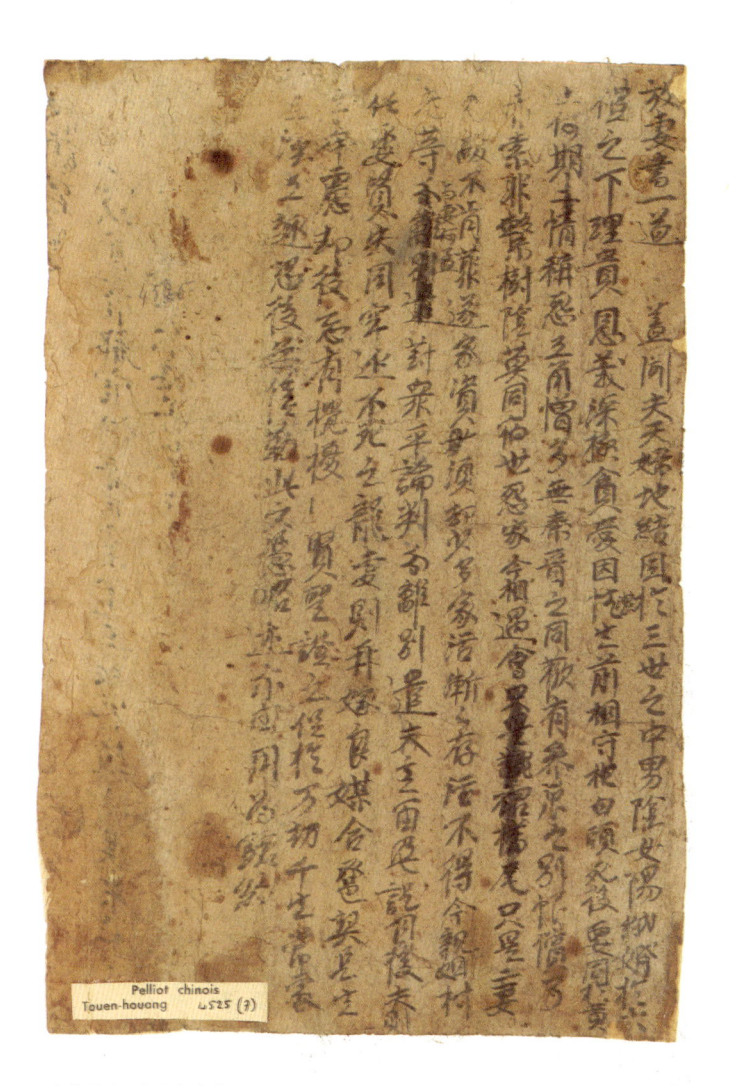

敦煌文献《放妻书》

都必须离婚,否则要"徒一年"。到了明清时期,"若犯义绝,应离而不离者,亦杖八十"(《明代律例汇编》),并且义绝的范围逐渐变得更大,《大清律例》卷三十中列举有:"(丈夫)身在远方,妻父母将妻改嫁;或赶逐出外,重别招婿;及容止外人通奸;又如女婿殴妻至折伤;抑妻通奸;有妻诈称无妻;败妄更娶妻,以妻为妾;受财将妻妾典雇;妄作姊妹嫁人之类。"

敦煌莫高窟454窟《婚嫁图》

童谣简史

"非童所为,气导之也"

中国古代的童谣和我们今天熟悉的儿歌有很大不同,往往带有预言的性质,有强烈的神秘色彩,被视为一种重要的谶语。它往往代表了上天的意旨,通过懵懵懂懂的儿童之口,隐晦地告知人们即将发生的祸福灾殃,并且往往和军国大事相联系。当时的人们相信,儿童学会的这些童谣得自天授,语言莫名其妙,这些未成年的传播者也完全不知道自己所唱童谣的内容。和其他的谶语一样,要等到事件发生以后,人们才恍然大悟,原来这些童谣早已泄露了天机。

这些童谣有的是事后的牵强附会,有的则是别有用心之人的精心设计,更多则早已无法考证其确切起源。无论如何,童谣文化是中国古代一种独特的"神秘力量",虽然被视为"妖异",但很多都被载入正史,在中国古代的政治生态中确实占有一席之地,产生过不小的影响,不少著名的历史事件中都有着童谣的影子。童谣的盛传,往往伴随着一些重要历史人物所遭遇的各种败亡,堪称"恐怖童谣"。

· 最早的童谣,和三十六计之一的"假道伐虢"有关

童谣这个词最早见于《左传》。春秋时期晋国的晋献公一直想要派兵消灭虢国,但两国并不相邻,中间隔着一个虞国,晋献公要出兵虢国,军队就需要经过虞国的土地。晋献公给虞公送上宝马美玉,换取了借道的便利。鲁僖公二年(公元前658年),晋国第一次借道,攻占了虢国的一个城市下阳。鲁僖公五年(公元前655年),晋献公再次向虞国借路进攻虢国。宫之奇劝阻说:"虢国是虞国的外围,虢国灭亡,虞国也将不保。晋国的野心不能让他打开,引进外国军队不能忽视。一次已经够了,难道还可以有第二次吗?俗话说'辅车相依,唇亡齿寒',这就是虞国和虢国的关系。"虞公大不以为然,认为虞国和晋国是宗室,晋国不会害他。宫之奇反复劝谏,虞公还是没有听从,答应了晋国使者的要求。

这年八月,晋献公正式出兵,包围上阳。他问卜官郭偃说:"我能够成功吗?"郭偃回答说:"能攻下虢国。"晋献公又问:"什么时候能成功呢?"郭偃回答这个问题的时候,

引用了一段童谣。《左传》原文载：(郭偃)对曰："童谣云：'丙之晨，龙尾伏辰，均服振振，取虢之旂。鹑之贲贲，天策焞焞，火中成军，虢公其奔。'其九月、十月之交乎。丙子旦，日在尾，月在策，鹑火中，必是时也。"他引用了这段非常押韵但很难索解的童谣，解读说"这日子恐怕在九月底十月初。丙子日的清晨，日在尾星之上，月在天策星之上，鹑火星在日月的中间，一定是这个时候"。这年冬季的十二月初一，晋国灭掉了虢国。晋军回国路上住在虞国，晋献公约虞公出城打猎，把虞公诓骗到城外很远的地方。结果出城不久，就看到城中火起，虞公赶回城下时，自己的都城已经被晋军里应外合占领了，虞国也就此灭亡。这就是著名的"假道伐虢"的故事，后代将其作为重要的军事策略之一，列入了"三十六计"。

这个故事里的童谣情节，是中国古代有明确记载的第一首童谣，根据郭偃的解读，预言似乎也并不完全准确，但它给了晋献公彻底灭虢的决心，最终导致了虢国和虞国的灭亡。

· 汉末最有名的童谣预言了董卓的兴衰

汉魏晋南北朝时期，谶纬风气极盛，是中国古代童谣最多见的时代。读过《三国演义》的人，肯定对其中的一首童谣印象深刻。在第九回中，董卓听到"是夜有十数小儿于郊外作歌，风吹歌声入帐。歌曰：'千里草，何青青！十日卜，不得生！'歌声悲切"。他询问手下武将李肃这童谣是什么意思，李肃早已决心要杀董卓，虽然大概听懂了童谣的内涵，但骗董卓说："也不过就是说刘汉要衰亡，董氏会兴起。"实际上，这个"千里草"实为"董"，"十日卜"为"卓"，"不得生"预言了董卓的衰亡。在《三国演义》的故事里，第二天的早上董卓上朝之时，就被李肃、王允和吕布联手除杀。吕布一戟直刺咽喉，李肃一剑就砍下了他的脑袋。

这首童谣不是《三国演义》的杜撰，在《后汉书·五行志》中就有记载："献帝践祚之初，京都童谣曰：'千里草，何青青。十日卜，不得生。'案千里草为董，十日卜为卓。凡别字之体，皆从上起，左右离合，无有从下发端者也。今二字如此者，天意若曰：卓自下摩上，以臣陵君也。青青者，暴盛之貌也。不得生者，亦旋破亡。"翻开《后汉书·五行志》，我们会看到里面记录了十多条童谣，都预言着重要的事件，这个"千里草"只是其中之一而已。比如其记载："更始时，南阳有童谣曰：'谐不谐，在赤眉。得不得，在河北。'"这是关于赤眉军起义的预言。公元25年，更始帝刘玄的政权在赤眉军和刘秀大军两路夹击之下，土崩瓦解，刘玄向赤眉军出降，献出传国玉玺，更始政权灭亡。不久，刘玄被赤眉军所杀。而后来的汉光武帝刘秀则兴起于河北，最终建立了东汉。

· 首都在南京还是鄂州？一首童谣影响大

孙皓是吴大帝孙权之孙，东吴的末代皇帝，他刚登基的时候，下令抚恤人民，又开仓振贫、减省宫女和放生宫内多余的珍禽异兽，被誉为明主，但很快沉溺酒色，专于杀戮，变得昏庸暴虐。宝鼎元年（266年）九月，他听信术士之言，忽然决定迁都到武昌（今鄂州），让御史大夫丁固、右将军诸葛靓镇守建业（今南京），自己住到武昌，《三国志·吴书·潘濬陆凯传》记载："皓徙都武昌，扬土百姓溯流供给，以为患苦，又政事多谬，黎元穷匮。"因为政治中心忽然分为两地，扬州地区的百姓们忽然需要沿着长江逆流而上，为武昌保障供给用度。加上两头行政，政令往往错舛失误，百姓生活受到了严重的影响。于是以正直及屡次劝谏孙皓而闻名的左丞相陆凯上书劝谏。他写了一篇长疏，指出孙皓不应迁都，要当一个体恤平民生活的贤君，认为这样做不但可以改善人民生活，亦可增强国力。

这个奏疏最重要的依据之一，其实就是一首童谣。他说："童谣言：'宁饮建业水，不食武昌鱼；宁还建业死，不

唐 阎立本 《历代帝王图》中的孙权像

止武昌居。'臣闻翼星为变，荧惑作妖，童谣之言，生于天心，乃以安居而比死，足明天意，知民所苦也。"他引用这首童谣，认为童谣生于天心，代表的是天意，希望孙皓能够收回成命。当年九月孙皓决定迁都，十二月就返回了建业，很快还都建业。毛泽东主席曾在《水调歌头·游泳》一词中化用过这首童谣的前两句："才饮长沙水，又食武昌鱼。"

· 石人一只眼，挑动黄河天下反

在"二十四史"中，共记录了近百条童谣，大部分产生于魏晋南北朝时期。唐宋年间，这种政治性的童谣只是零星一见。元朝末年，是另一个童谣爆发期，有一些童谣影响深远。

《元史·五行志》记载："至元五年八月，京师童谣云：'白雁望南飞，马札望北跳。'至正五年，淮、楚间童谣云：'富汉莫起楼，穷汉莫起屋，但看羊儿年，便是吴家国。'十年，河南、北童谣云：'石人一只眼，挑动黄河天下反。'十五年，京师童谣云：'一阵黄风一阵沙，千里万里无人家，回头雪消不堪看，三眼和尚弄瞎马。'此皆诗妖也。"当时的童谣层出不穷，但最有影响的当数河南、河北等地出现的童谣"石人一只眼，挑动黄河天下反"。

明 佚名 《太祖坐像》

这首童谣出现在至正十年（1350），第二年，元朝强征十五万民工修筑黄河堤坝，白莲教徒韩山童、刘福通等人在河道中埋设一石人，背刻"石人一只眼，挑动黄河天下反"。待石人被挖出，人心果然浮动，韩山童便自称是赵宋后裔，为宋徽宗的八世孙，趁机组织起义。这就是有名的红巾军起义。他很快被俘，随即被杀害，死后他的儿子韩林儿被立为领袖，继续反元兴宋，纵横十余年，客观上为朱元璋后来建立明朝扫清了障碍。清人修《明史》，评价说："元之末季，群雄蜂起。……林儿横据中原，纵兵蹂躏，蔽遮江、淮十有余年。太祖得以从容缔造者，藉其力焉。帝王之兴，必有先驱者资之以成其业，夫岂偶然哉！"

近代以来，很多恐怖、侦探、推理、犯罪小说或影视作品，都喜欢从恐怖童谣里取材，作为串联故事的线索，这些童谣联系的大都不是军国大事，而是生活中的恐怖场景。其中为小说和影像作品提供童谣最多的，当数被称为全球最早儿歌集的英国民间童谣集《鹅妈妈的童谣》（*Mother Goose*），被很多影视作品引用的《伦敦铁桥倒下来》《玛丽有只小羊羔》《谁杀了知更鸟》《十个小黑人》《十只兔子》《妈妈杀了我》《染血的玛利亚》等童谣，就出自此书。阿加莎·克里斯蒂的《无人生还》中，便用《十个小黑人》来联结剧情，是童谣杀人题材小说的代表作。

中国古代的童谣总是伴随着腥风血雨，但都是与军国大事息息相关，与近现代文学作品的恐怖童谣很不同。记录古代包括童谣在内的歌谣谚语的书，有明代杨慎编《古今谚》一卷、《古今风谣》一卷，明代范钦的《集歌谣谚语》一卷，手稿现存于天一阁；明末佚名编《古谣谚谶语歌诵》五卷，清初郑旭旦编《天籁集》一卷，清末史梦兰编《古今谣谚》一卷和民国陈和祥的《绘图童谣大观》，而这类书籍的集大成之作，是清代咸丰间年杜文澜主编的专收古代歌谣谚语的总集《古谣谚》，全书一百卷，其中正文八十五卷，附录十四卷，集说一卷。该书引述著作八百六十余种，收集古籍中所引谚谣从上古到明代共三千三百多首，对古代歌谣谚语感兴趣的读者，可以找来阅读。

解梦简史

"春梦随云散，飞花逐水流"

提到解梦，大部分人脑海里马上浮现出"周公解梦"这个名词。我们可能也确实见到过不少周公解梦的书籍，但是看到里面"梦到飞机失事代表着什么""梦到喜欢的明星代表着什么"之类的条目，估计也没有人会相信这真的是三千年前周公的著作。好在大部分中国人对待这类民俗文化的态度向来颇为开放，有利于自己就信，不利于自己就斥之为迷信，也懒得去关心这些解梦书的来龙去脉。

虽然我们没有办法知道人类的第一个梦是什么，但可以确定的是，梦扩展了人类的想象力，也带给现实生活大量的精彩内容。我们往往忽略了梦在文化史中起过的重要作用，要是人类不会做梦，我们的历史、文学、宗教、哲学乃至习俗、生活，都会大失光彩。如果换个角度去讨论古人解梦的历史，我们或许会发自内心地感慨，原来真的"梦里什么都有"。

· 周公真的会解梦吗？当时占梦方法据说有九十种

周公是大约三千年前商末周初的人物，周文王姬昌第四子，周武王姬发的弟弟，采邑（封地）在周地（今岐山北），所以称为周公。他是儒家学说重要的开创者。古代有很长时间，学校设置酒食以奠祭先圣先师的典礼"释奠礼"上，祭祀的先圣就是周公。东汉明帝以后，就以周公为先圣、孔子为先师。魏正始至隋大业，以孔子为先圣、颜子为先师。唐初改周公为先圣，唐太宗又改孔子为先圣，唐高宗永徽年间又改周公为先圣、孔子为先师，唐高宗显庆二年（657）定孔子为先圣，这才被后世遵循不变。孔子本人也是周公的迷弟，经常梦中与周公相会。《论语》里说，他年老体弱的时候，就感慨："甚矣，吾衰也！久矣，吾不复梦见周公！"意为：我老得太厉害啦，已经很久没有梦到周公啦！

周公为何和与解梦联系在一起呢？传说周公所著的记载先秦官制的《周礼》中明确记载了当时的政府机构中，就有对梦进行占卜的官员，这种官职就叫"占梦"。"占梦，中士二人，史二人，徒四人。"这个官职由中士二人担任，还配有史二人，徒四人。他们占梦依据的典籍是什么呢？《周礼》

中也有明确的记载："掌三梦之法：一曰《致梦》，二曰《觭梦》，三曰《咸陟》。其经运十，其别九十。"这三本书，分别就是夏、商、周三代的占梦书，就好像《连山》《归藏》《周易》分别是夏、商、周三代的《易》书一样。这三种占梦书，所记载的基本占法有十种，又变化出九十种占法。可惜的是这三种书籍早都已经失传，但其中细节在《周礼》中还保留了一点："占梦掌其岁时观天地之会，辨阴阳之气。以日、月、星、辰占六梦之吉凶：一曰正梦，二曰恶梦，三曰思梦，四曰寤梦，五曰喜梦，六曰惧梦。"也就是说占梦掌管在每年的岁时观察日月交会，分辨阴阳之气。依据做梦之时的日月运行的度数和交会的位置来占测六类梦的吉凶。所谓正梦，就是无所感动，平安自梦，好好躺着，自然而然做了个梦。所谓恶梦，就是惊愕而梦。所谓思梦，就是白天思念些东西，晚上就梦到了相关的内容。所谓寤梦，就是白天见了些什么，搭茬又说了几句，晚上就梦到了。所谓喜梦，顾名思义是喜悦而梦，正如惧梦是恐惧而梦。想想普通人日常的梦境，也确实无非这几个类型。每年的十二月，占梦还会问周王所梦，用以占卜来年吉凶，还要将全年所占的周王的吉梦献给王，王先拜而后接受。然后用菜祭四方，以送走噩梦，接着还要举行仪式祛除饿鬼。大概是因为《周礼》中对解梦有这样多的讨论，人们便把解梦的老祖宗推到周公身上来。

明 唐寅 《蕉叶睡女图》

当然《周礼》肯定不是周公的作品，其成书年代自古以来学术界就多有争议，清代《四库全书总目提要》就说它"于诸经之中，其出最晚，其真伪亦纷如聚讼，不可缕举"。今天学者大部分认为其成书于战国到汉代。但这不影响古人们长期坚信它是周公所著。

· 先秦那些奇奇怪怪的梦

除了孔子曾经梦到周公，先秦的材料里也记载了不少梦，以及时人对这些梦的解释。《晏子春秋》里说晏子请占梦者为齐景公占梦，占梦者听完景公的描述，说自己得回去查书。这个书肯定就是一种梦书，学术界一般将其视为最早提到梦书的记录（唐代张守节《史记正义》引用的三国西晋时期皇甫谧的《帝王世纪》中，有黄帝做梦、解梦并写下《占梦经》十一卷的记载，显然是后人的附会。）

在《左传》和《国语》里有各种奇奇怪怪的梦，我们挑几个看看当时如何解梦。《左传·昭公三十一年》载："十二月辛亥朔，日有食之。是夜也，赵简子梦童子裸而转以歌。旦，占诸史墨，曰：'吾梦如是，今而日食，何也？'对曰：'六年及此月也，吴其入郢乎？终亦弗克。入郢必以庚辰，日月在辰尾。庚午之日，日始有谪。火胜金，故弗克。'"这是公元前511年，距今2500多年，这年的十二月初一，出现了日食，夜里后来成为战国七雄之一的赵国的奠基者赵简子便做了一个梦，梦到一个光着身子的裸体小孩儿，踩着节拍在那里唱歌跳舞。他醒来之后肯定就犯嘀咕，天上有日食这种异象，自己又做了这种奇怪的梦，于是他就让史墨占卜，问他又是日食又是怪梦，这梦寓意是什么？史墨就解释说："这梦就预示着六年以后的这个月，吴国恐怕要杀入楚国的郢都吧！但可能不太顺利。要进入郢都，一定得在庚辰那一天。日月在苍龙之尾，庚午那天，太阳开始有灾。火能战胜金，所以不能胜利。"大概可以看到是根据日月星辰的变化，配合梦象及时间进行占卜。

《左传·僖公二十八年》记载："晋侯梦与楚子搏，楚子伏己而监其脑，是以惧。子犯曰：'吉。我得天，楚伏其罪，吾且柔之矣。'"晋文公夜里梦见自己和楚成王在格斗，结果楚成王把他打倒，趴在他身上吸他的脑汁。这是典型的噩梦了，所以晋文公觉得有些害怕。狐偃给他解梦说："这是吉利的征兆。我们得到天助，这是楚王面向大地服罪，我们驯服他。"这里完全是根据梦的内容进行解释了。

· 出土的秦简梦书中，有位食梦的神灵

王国维先生说研究古代学问要有个"二重证据法"，不仅仅要看古籍上的记载，也要去看看出土的古代文物，两者互相印证才好。来看看出土文献中那些与梦有关的材料。

在甲骨文卜辞中就有殷商帝王占梦的记载，如《甲骨文合集》17397："贞：王梦，不唯有左？王占曰：吉，勿[唯]有左。贞：王梦，唯有[左]？"但关于如何解梦的文献，目前发现比较完整的是秦简中的梦书。睡虎地秦简《日书》中的"梦"篇就是其中代表。这种《日书》类似先秦各种术数的合集，其中有堪舆、占候、风角等，梦书是其中之一。梦书有两段，分别在《日书》甲种和《日书》乙种之中，文字都比较短，相比之下乙种更长，甲种和乙种的最后一段基本相同。大概的内容是梦到不同的梦境代表着什么，以及做了不祥的梦如何禳除，这是最有趣的一段，乙种中原文是这样的："凡人有恶梦，觉而择之。西北乡择发而驷，祝曰：缟，敢告玺宛奇，某有恶梦，老来□之，宛奇强饮食，赐某

236

大富，不钱则布，不茧则絮。"综合学者们的考释，这段话的大意是说：但凡人做了恶梦，醒来之后，朝着西北方向，解开绾在一起的头发，散发祈祷："啊，神灵宛奇啊，我做了恶梦，你能不能来把这恶梦吃掉，给我带来福气？"

宛奇是食梦之神，也叫伯奇，专爱吃人们的噩梦，传世文献《续汉书·礼仪志》中就有"伯奇食梦"的记录，而在敦煌出土的《白泽精怪图》（伯6282）中，也有类似的祈祷："人夜得恶梦，旦起于舍，向东北被发咒曰：伯奇！伯奇！不饮酒食肉，常食高兴地，其恶梦归于伯奇，厌梦息，兴大福。如此七咒，无咎也。"食梦之神在后代逐步被演化成了一种食梦兽。托名苏轼所撰的《物类相感志》就记载："食梦兽，莫详其状，实鬼也。好食人梦，而口不闭，常伺人凌晨说梦，善恶依之。故君子慎说梦也。"

湖南大学岳麓书院2007年从香港收购了一批秦简，这些秦简中也有四十多枚与占梦有关，学界称之为《占梦书》。根据学者的解读，其中特别强调了占梦与时间有着密切的关系。"占梦之道，必顺四时"，要解读做梦的内容，一定要结合做梦的日期、季节、月日和时辰，这些都很重要。时间和梦之间的关系，是用五行来解释的。

清华大学所藏竹简中的《程寤》，也讲述了一个和占梦有关的故事。据学者考证，故事的起源是在周文王元年的正

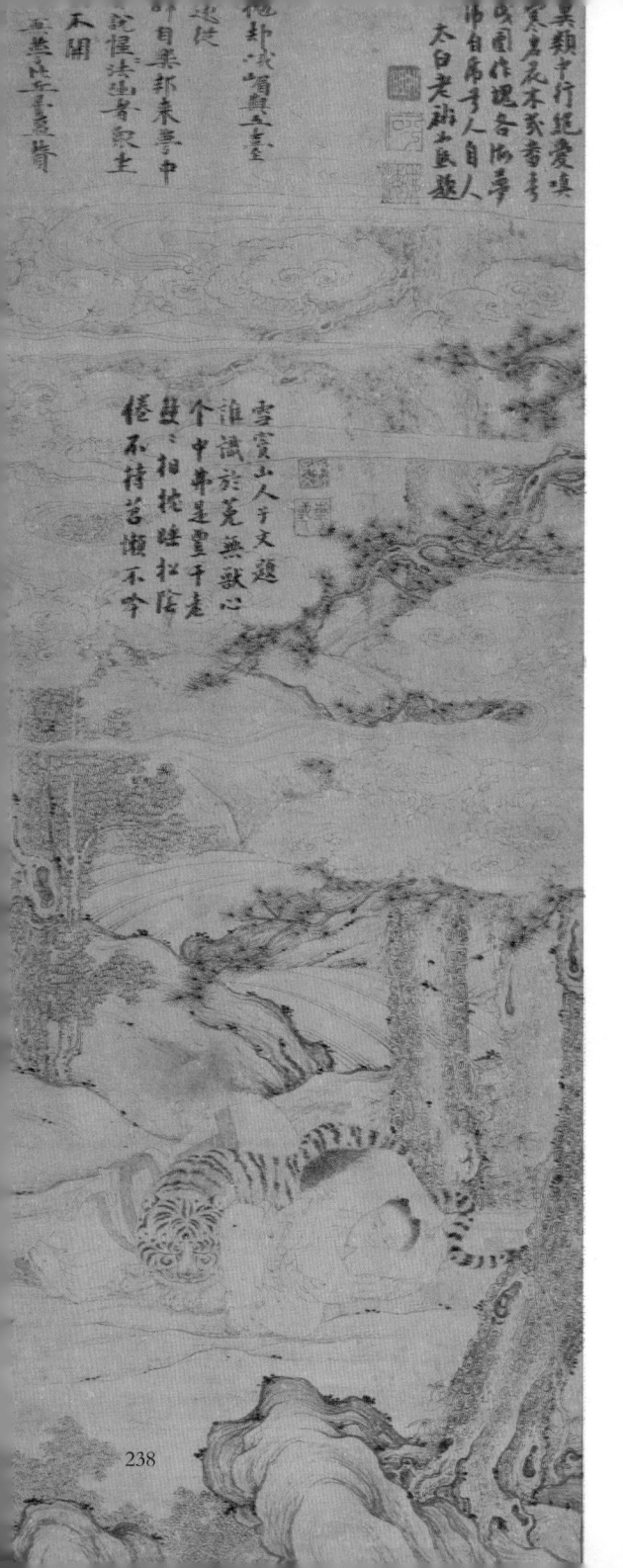

元 佚名 《四睡图》

月,周文王的妻子大姒做了一个梦,梦到商的庭院长满了荆棘,太子发(后来的周武王)就把周的梓树种到了商的庭院,结果梓树变成了松、柏、棫、柞这几种树。大姒醒来很震惊,把梦象告诉了周文王。周文王也不确定这个梦的吉凶,于是举行了一个祭祀活动,经过一番仪式,最终确定这是一个吉梦。周文王借机便对太子训话,讲了一番道理,希望他要善于使用贤臣,争取民意,早日灭商。大姒梦里的松、柏、棫、柞,就是人才的象征。

· 《梦书》与大解梦师周宣

唐代以前的梦书,《汉书·艺文志》著录有《黄帝长柳占梦》《甘德长柳占梦》,《隋书·经籍志》著录有京房《占梦书》、崔元《占梦书》、周宣《占梦书》、佚名《梦书》、佚名《竭伽仙人占梦书》、佚名《新撰占梦书》、佚名《解梦书》、佚名《杂占梦书》,这些都已经失传,只有周宣的《占梦书》后人有辑佚本,算是现存的传世文献中最早的占梦书。

周宣字孔和,本人以占梦解梦出名,是正史里唯一有传的解梦师。《三国志》中记载有一段他解梦的故事。说有人梦到了刍狗,就是《老子》里"天地不仁,以万物为刍狗"的那个刍狗,是祭祀中用草扎成的狗,祭祀结束用完就被扔在地上踩几脚,最后还会被拿去烧火。周宣听说他梦到了刍狗，就告诉他，这预示着你能得到美食。果不其然，这人不一会儿就在出行时遇上了一顿盛大的宴席。过了一段时间，这个人又梦到了刍狗，他又来找周宣解梦，周宣说这预示着你可能会从车上掉下来摔断脚，你可得多加小心。过了不久，这人果然从车上摔了下来。又过了一段时间，他再一次梦到了刍狗，周宣跟他说，你家要失火了。不一会儿，他家真的就起火冒烟了。这个人这次真的震惊了，他跟周宣说，前面三个梦都是我骗你的，我从来都没有梦到过刍狗，就是为了试试你占梦准不准，为什么你居然每次都能算准？周宣跟他讲，你一旦开口说你梦到了什么，冥冥之中就已是神灵在让你开口，所以和你真的梦到了也没有区别，一样可以占梦。这人又问，那为什么我三次说的都是刍狗，你解梦的结果却各不相同呢？周宣解释说：刍狗这东西就是祭祀用的，你第一次做梦，就应了祭祀结束后能吃到东西。一旦祭祀结束了，刍狗的用途结束了，就要被车轮子在上面碾压，所以你就应该堕车伤脚。刍狗最后的归宿就是被烧掉，所以你家房子会着火。

这个故事虽然听起来富有传奇色彩，但在历史上确实很有名，就是所谓的"三占刍狗"。《三国志》记载他还曾为魏文帝曹丕解梦，也非常神奇。曹丕有一次问周宣："吾梦殿屋两瓦堕地，化为双鸳鸯，此何谓也？"周宣说怕是后宫有人要暴死。曹丕得意地告诉周宣，我骗你的，根本没做这个梦！周宣说："夫梦者意耳，苟以形言，便占吉凶。"话还没有说完，就有内侍跑来说，有宫人互相击杀，出了人命。又有一次，曹丕梦到青烟升天，周宣说这是有很尊贵的女性要被冤死。曹丕之前已经遣使赐死甄夫人（后来她和曹丕的儿子平原王曹叡做了皇帝，她被追谥文昭皇后），听到周宣的话非常后悔，又派人去追刺死的使者和诏书，可惜没有追上。曹丕和弟弟曹植的恩怨众所周知，曹丕有一次梦见自己拿着

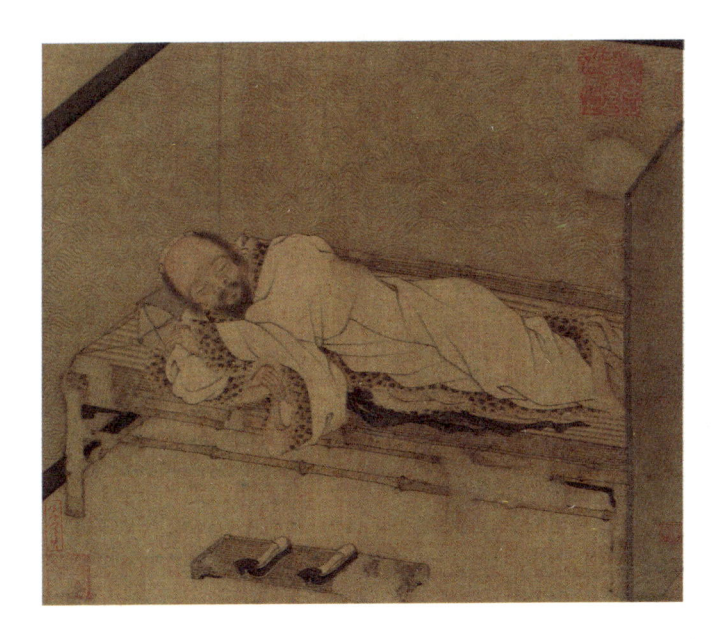

元 佚名 《竹榻憩睡图》

一枚铜钱想磨掉上面的花纹，结果越磨越亮。周宣听了怅然不答，曹丕反复追问，他才说这是你家的家事，你想要做的事，太后不同意，所以才会越磨越亮。原来当时曹丕想给曹植判罪，因为卞太后坚决反对，最后只能贬爵了之。《三国志》的作者陈寿评价说："周宣之相梦……玄妙之殊巧，非常之绝技矣。"

· 因为一个梦，佛教传入中国

东汉时佛教文化和中国原有的文化融合激荡，带来不少新颖的元素。在传统的佛教史书写中，佛教的传入就和汉明帝的一个梦有关。在正史中最早的记录，是在《后汉书》卷八十八《西域列传》："世传明帝梦见金人，长大，顶有光明，以问群臣。或曰：'西方有神，名曰佛，其形长丈六尺而黄金色。'帝于是遣使天竺问佛道法，遂于中国图画形像焉。楚王英始信其术，中国因此颇有奉其道者。"这个记载大概来自《四十二章经》前的序文，汉明帝夜梦金人，第二天询问群臣，傅毅告诉他那是佛像，他这才派出郎中蔡愔、博士弟子秦景等使节前去西域求取佛法，他们遇到了摄摩腾、竺法兰两位僧人，请他们携带经卷佛像乘白马来到洛阳。汉明帝在这里建立了中国佛教最早的寺院，为纪念白马负经，取名为白马寺。摄摩腾、竺法兰在白马寺翻译了中国最早的汉文佛经《四十二章经》。

佛教很多经典以梦为喻，例如《金刚经》中有名的四句偈："一切有为法，如梦幻泡影，如露亦如电，应作如是观。"又如《楞严经》多次以梦为喻，"得菩提者，如寤时人说梦中事，心纵精明，欲何因缘，取梦中物？"事实上佛教还有直接和解梦相关的经典，比如《阿难七梦经》便记载佛弟子阿难做了七个恶梦，分别是"一者陂池火炎滔天；二者梦日月没星宿亦没；三者梦出家比丘，转在于不净坑堑之中，在家白衣登头而出；四者梦群猪来牴揬栴檀林，怪之；五者梦头戴须弥山，不以为重；六者梦大象弃小象；七者梦师子王名华撒头上，有七毫毛，在地而死。一切禽兽，见故怖畏。后见身中虫出，然后食之"。佛陀分别解释了这些梦的寓意。

佛教经论中也有不少关于梦的讨论。比如《楞严经》中解释了普通人梦的来源，"由汝念虑，使汝色身，身非念伦，汝身何因随念所使，种种取像，心生形取，与念相应。寤即想心，寐为诸梦，则汝想念，摇动妄情，名为融通，第三妄想"，这倒是和弗洛伊德《梦的解析》有些相似。《楞严经》中宣说楞严神咒，其妙用之一，便是"昼夜安眠，常无恶梦"。《善见律毗婆沙》卷十二说有四种梦："一、四大不和梦，或梦山崩，或梦自身飞腾虚空，或梦虎狼及劫贼追逐。此因水火风之四大不调,心神散逸。二、先见梦,随昼间所见而梦。三、天人梦,若人修善,则天人为感现善梦,以使增长善根;恶人作恶,则天人为现恶梦,使怖恶生善。四、想梦,常思想者,多现梦中,想善事,则现善梦,想恶事,则现恶梦。"这一说法在唐代有比较大的影响。此外在《大智度论》《法苑珠林》《毗婆沙论》等论著中,还有其他四梦、五梦的分类。

《隋书·经籍志》中著录的《竭伽仙人占梦书》显然也是一个佛教解梦书,竭伽也译作竭罗伽,又作竭揭伽、揭瞿,是印度上古仙人。可惜这一图书早已失传。论佛教与解梦文献最值得一提的,还是敦煌千佛洞中保留了一批早期的民间解梦书。

· 20世纪初,敦煌出土了《周公解梦》

敦煌的解梦书和占梦书,目前发现的有十六件左右,其中就有五件叫《周公解梦》的卷子(分别是 S.5900、P.3908、S.2222、P.3281+P.3685、Fragment58),题目有《周公解梦书》《新集周公解梦书》《先贤周公解梦书》等。

以相对完整的 P.3908《新集周公解梦书》一卷为例,正文前有十一行的序,大概解释了解梦的原理,后面的正文部分,分为天文章第一、地理章第二、山川草木章第三、水火盗贼章第四、官禄兄弟章第五、人身梳镜章第六、饮食章

明 丁云鹏 《白马驮经图》

第七、佛道音乐章第八、庄园田宅章第九、衣服章第十、六畜禽兽章第十一、龙蛇章第十二、刀剑弓弩章第十三、夫妻花粉章第十四、楼阁家具钱帛章第十五、舟车轿市谷章第十六、生死疾病章第十七、塚墓棺材凶具章第十八、十二支日得梦章第十九、十二时得梦章第二十、建除满日得梦章第二十一、恶梦为无禁忌等章第二十二、默攘恶梦章第二十三，共二十三章，其中前十八章基本上都是梦象及其代表的吉凶，后面五章涉及不同时间做梦的吉凶和化解恶梦的方法。虽然全书章节很多，但实际上每章平均不过百来字，全书篇幅并不大。

《新集周公解梦书》中的解梦的格式，基本上都是说明某种梦象预示着什么或者是否吉祥。比如第一章前面几条："梦见上天者生贵子，梦见天明者合大喜，梦见看天者主长命，梦见天帝释者大吉。"其中有的内容现在看起来很有趣，比如"梦见夫妻相拜主离""梦见夫妻执手大凶""梦见妻浓妆必分""梦见门开妻有外遇"，倒像是一个对夫妻生活充满了愤懑之情的单身汉的口吻。这部书不仅仅介绍了解梦的内容，实际上我们也可以从中得到不少当时民间日常生活的信息。比如其中饮食章、衣服章中提到的食物和衣服之类。

《新集周公解梦书》中的第二十二章，介绍了恶梦的主要来由，有卧床对屋梁、面向北铺床、床下有枯骨、为人爱随邪、六畜死自食、破家具多年不烧、无故杀龟蛇、向井栏

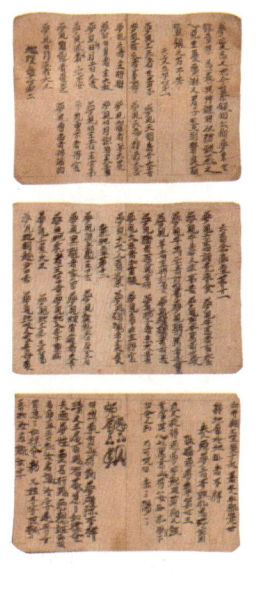

《新集周公解梦书》敦煌卷子 P3908 号（局部）

上坐卧、着凶人衣之类二十多种。一旦做了恶梦，就应该闭口不跟人说，"三日不说为珍宝"。这倒是和道教的观点类似，《云笈七签》就认为"善梦可说，恶梦默之，则使之延命也"。

至于禳除恶梦之法，早期不跟人说，虔诚其心，画一个符放在床脚，不要让人知道。关键是念个咒语："赤赤阳阳，日出东方，此符断梦，辟除不祥。读之三遍，百鬼潜藏。急急如律令。夫恶梦姓云名行鬼；恶梦姓贾名自直，又姓子

247

(而)字世瓠。吾知汝名,识汝字,远吾千里。急急如令。敕。"这似乎和秦简上的原理差不多。

·宋代哲学家们说梦

宋代的哲学家对于梦的态度很有代表性,今天很多中国人对于梦的态度,还隐隐受到他们的影响。不少宋代学者继承了传统的看法,从天人感应的角度去理解梦。比如在王昭禹看来:"梦者,精神之运也。人之精神往来,常与天地流通。而祸福吉凶皆运于天地,应于物类,则由其梦以占之,固无逃矣。"(王昭禹《周礼详解》卷二十二)朱熹也认为"人之精神与天地阴阳流通,故昼之所为,夜之所梦,其善恶凶吉,各以类至"。(朱熹《诗集传》卷四)正因为梦代表着人的精神与天地的互动,所以可以占卜吉凶。但朱熹也认为梦是一种妄想,是心动,"人于梦寐间,亦可以卜自家所学之浅深。如梦寐颠倒,即是心志不定、操存不固"(朱熹《近思录》卷四),这显然是受到了二程的影响。在程颢、程颐看来,之所以夜间有颠倒梦想,不过是"只是心不定。今人所梦见事,岂特一日之间所有之事,亦有数十年前之事。梦见之者,只为心中旧有此事,平日忽有事与此事相感,或气相感,然后发出来。故虽白日所憎恶者,亦有时见于梦也。譬如水为风激而成浪,风既息,浪犹汹涌未已也"(程颢、程颐《二程遗书》卷十八)。

宋代最具科学家精神的沈括,更是在《梦溪笔谈》中对解梦的科学性大为质疑,"人有前知者,数十百千年事皆能言之,梦寐抑或有之,以此知万事无不前定。予以为不然,事非前定。方其知时,即是今日。中间年岁,亦与此同时,元非先后。此理宛然,熟观之可喻。或曰:'苟能前知,事有不利者,可迁避之。'亦不然也。苟可迁避,则前知之时,已见所避之事;若不见所避之事,即非前知"。他提出了一个有趣的悖论,解梦在内的所有术数之学,都是为了预测和改变,为了趋利避害,但是如果你真能改变未来,那预见未来的人也应该预见到你改变了的未来,如果他没有看到你已经躲避灾难改变未来,那他也算不上预测了未来。

即使科学昌明的今天,很多人对于解梦这种在科学上显然是无稽之谈的内容依然有着矛盾的态度,看看宋代学者的表达,其实就能明显感受到,与其说这种心态是来自于弗洛伊德以来的心理学说与我们传统民俗的碰撞,不如说是来自古人长期以来的哲学和伦理思考。

· 宋代以后的解梦之术

占梦作为一种职业,见于《周礼》,秦代也有过占梦博

清　王鉴　《梦境图》

士。从唐代笔记来看，也有不少以占梦为业的人，但在宋代以后似乎开始衰落。洪迈《容斋随笔》中说："今人不复留意此卜，虽市井妄术，所在如林，亦无一个以占梦自名者，其学殆绝矣。"当时市井之中有各种数术行当，但据他观察，竟然没有一个是与占梦有关的。

元代的《居家必用事类全集》是一部关于日常生活的指南，其中记录有不少解梦的内容，分为"梦天文星曜等物""梦雷雨风电等物""梦山川土石等物""梦竹木花果等物""梦古今圣贤人物""梦身体头面髭发""梦冠带印绶鞋履""梦刀剑仪仗皷角""梦宫室城楼屋舍""梦门户池井等物""梦珍宝米谷货帛""梦镜环钗钏等物""梦床帐毡席等物""梦舡车游行等物""梦道路桥梁市井""梦夫妻产孕交合""梦饮食瓜果蔬菜""梦哀乐病死歌唱""梦冢墓棺椁等物""梦文武器械军兵""梦佛道师巫鬼神""梦杀害斗打伤损""梦捕禁刑狱拷罚""梦田宅耕种五谷""梦水火盗贼等事""梦污圂沐浴等事""梦龙蛇鱼鳖等物""梦牛马六畜等物"，分类比敦煌梦书更加细致，足可见与时俱进。书中也记录了一个禳除恶梦的咒语："赫赫阳阳。日出东方。断绝恶梦，辟除不祥。急急如律令。"据说是出自管辂《梦书》。咒语内容和敦煌梦书几乎相同。

明代的梦书共有五部，分别是陈士元撰《梦占逸旨》八卷,何栋如辑《梦林玄解》三十四卷,张幹山撰《古今应验异梦全书》四卷,童轩撰《纪梦要览》三卷,张凤翼撰《梦占类考》十二卷。其中《梦林玄解》堪称是解梦百科全书,其作者题为"葛洪原本、邵雍纂辑、陈士元增删",并不可信,应该就是写序的何栋如所编辑。此书搜罗丰富,已经包含了《梦占逸旨》《梦占类考》等书的内容,分为梦占、梦禳、梦原、梦征四类,子条目一百五十多条,有一定的学术价值,现存有明崇祯年间刻本。

· 古代的"写梦小说"

古代有很多小说情节的展开,便是以记述梦境和解说梦境为题材,唐传奇中就有大量这类小说,有学者统计约有一百七十篇。其中最有代表性的莫过于沈既济的《枕中记》,讲述开元七年(719),贫困少年卢生在旅店遇到道士吕翁,自叹不得其志,此时店家正在蒸黍米饭(即黄粱饭),吕翁授予其一青瓷枕,卢生就枕而眠,在梦中迎娶望族美女,考中进士,尔后为官为将,杀退敌军,功勋非凡,此后浮沉宦海,官至宰相,又谪为百姓,几起几落,最后东山再起,任中书令,封燕国公,儿女满堂,均担任要职。家中宅邸广阔,良田名马无数,家人生活奢靡。他屡次请求辞职,都被皇帝挽留。八十余岁临终前上疏，皇帝下诏由高力士探病，随后病逝。就在此时，卢生从梦中醒来，发现依旧身在旅店，虽然梦中经历一生功名，但醒来发现店家的黄粱饭都还没有蒸熟。卢生这才知道此前不过是一梦而已，怅然良久，并对宠辱穷达、得失生死有所感悟。后人将此故事称为一枕黄粱或黄粱一梦。各种梦幻小说，和古代的鬼怪小说一样，是最富有想象力和创新性的，如果有人能把古代这些短篇小说集结在一起，应该也是一个很有趣的读物。

唐代段成式的《酉阳杂俎》中有一卷主题就是"梦"，记载了关于奇梦、解梦之类的故事十来篇，其中有些解梦是通过分析梦象的方式来进行的。比如其中一个故事说，有个商人张瞻将要回家，梦见"炊于臼中"，于是去找一个号称会占梦的王生解梦，王生跟他说，这寓意着你再也见不到你的妻子了，因为在臼中做饭，就代表着家里"无釜"（谐音"无妇"）。等张瞻回家，妻子果然已经去世几个月了。还有的解梦是通过拆字。其中一个故事说北魏广阳王元渊梦到穿着衮衣倚靠在槐树上。所谓的衮衣，是帝王及上公才能穿的绘有卷龙的礼服。于是他去找杨元稹解梦，元稹当面跟元渊说这是好梦啊，寓意着你能位列三公。私下却跟别人说："死后得三公耳，槐字木傍鬼。"后来元渊果然被尔朱荣所杀，死后被追封为三公之一的司徒。

和拆字有关的梦，最有名的是唐代李公佐的《谢小娥传》，主题是少女谢小娥为父亲和丈夫报仇的故事。谢小娥是江西人，十四岁时，父亲和丈夫经商为强盗所杀，金帛都被一抢而光。谢小娥流落到了南京的尼庵妙果寺。在父亲和丈夫死后，谢小娥做了一个梦，梦到父亲跟她说："杀我者，车中猴，门东草。"过了几天，她又做了一个梦，丈夫跟她说："杀我者，禾中走，一日夫。"谢小娥后来在作者"我"的帮助下，猜出了梦中的谜语，"吾审详矣，杀汝父是申兰，杀汝夫是申春。且'车中猴'，车字（繁体字車）去上下各一画是'申'字，又申属猴，故曰'车中猴'；'草'下有'门'，'门'中有东，乃兰字也（繁体字蘭）；又'禾中走'，是穿田过，亦是'申'字也。'一日夫'者，'夫'上更一画，下有日，是'春'字也。杀汝父是申兰，杀汝夫是申春"。谢小娥把这两个名字写在衣服里，最终访杀二贼。这个故事被收录在《太平广记》中。

宋代初年编成的小说总集《太平广记》，全书五百卷，依主题排列，其中有七卷的主题是梦。这些故事采自各种图书，主角包括周昭王到韩确的一百多人。其中有这样一则故事：唐代宰相元稹做御史的时候，曾到梓潼出差。当时，白居易正在京城与名流们畅游慈恩寺，在花前饮酒时想起元稹，不由为他写诗一首："花时同醉破春愁，醉折花枝作酒筹。忽忆故人天际去，计程今日到梁州。"这时的元稹，果然到

近现代 冯超然 《拟虚白子蕉荫睡意图》

了梁州。他夜里做梦，正好也梦到了白居易，醒来便把梦中所见写了首叫《梦游》的诗："梦君兄弟曲江头，也向慈恩院里游。驿吏唤人排马去，忽惊身在古梁州。"两人千里之外，互相思念，梦中相见，诗词唱和，足见友情之深厚。

　　明代以后兴起的长篇章回体小说中，几乎每一种都有关于梦的情节。其中最有名的自然便是《红楼梦》，第一回便是"甄士隐梦幻识通灵　贾雨村风尘怀闺秀"，第五回"游幻境指迷十二钗　饮仙醪曲演红楼梦"更是通过贾宝玉梦游太虚幻境所见的金陵十二钗正册、副册、又副册的判词，预示了各位人物的命运。整部《红楼梦》的宗旨，一言以蔽之，便是"梦"字。宝玉梦游幻境，一开始听到的便是这样一句诗："春梦随云散，飞花逐水流。"在判词中，多有"虎兕相逢大梦归""千里东风一梦遥""金闺花柳质，一载赴黄梁""故向爹娘梦里相寻告""好一似荡悠悠三更梦""镜里恩情，更那堪梦里功名"之类直接写梦的词句。开卷便说（也有学者认为这段文字是误入正文的脂砚斋批语）："更于篇中间用'梦''幻'等字，却是此书本旨，兼寓提醒阅者之意。"诚哉斯言！这或许给我们一个启示，我们在讨论如何解梦的同时，梦其实也在解着我们，或者说，梦也是理解中国文化的一个钥匙。

十二星座简史

"年年花叶炫虚空，岁月循环十二宫"

这一章的标题其实并不严谨，准确的表达应该是这样：作为西方文化代表之一的黄金十二宫（也叫十二星座）从三国时期以来在中国的传播和接受简史。在今天，很多人痴迷于星座运势，"你是什么星座"也是很多人初次见面常见的交流内容，大部分人默认这是近现代从西方传入的文化。十二星座的名称确实起源于西方，是古巴比伦文明的天文成就，但古代中西文化交流与融合的程度往往超出我们的想象，实际上中国古人应用西方十二星座名称，已经有接近两千年的历史。宋代苏东坡就曾用十二星座算命，并将自己的命途多舛归咎于自己是摩羯座。

· 二十八宿与十二次

中国本土的天文概念中最常见的是七曜、二十八宿、四象、十二次。七曜就是日月和金木水火土五星（后五星又合称五纬），古人观察七曜，是用恒星作为背景，在众多恒星中，选择了黄道赤道附近的二十八个星宿作为坐标，这就是二十八宿。二十八宿分成四组，每一组的七宿都组成一种动物，便是四象，分别是东方苍龙、北方玄武（龟蛇）、西方白虎、南方朱雀，其中东方苍龙七宿是角、亢、氐、房、心、尾、箕，北方玄武七宿是斗、牛、女、虚、危、室、壁，西方白虎七宿是奎、娄、胃、昴、毕、觜、参，南方朱雀七宿是井、鬼、柳、星、张、翼、轸。在古人看来，二十八宿的相对位置是不变的，七曜却一直在运动，所以以二十八宿作为坐标，就可以描述七曜运动所处的具体位置。比如古书中说的"月离于毕"，其实就是月亮的位置靠近毕宿（古人认为这种星象代表着要下大雨）。再比如"荧惑守心"，就是荧惑（火星）居于心宿。古人认为这种星象是大凶之兆，往往意味着帝王身死。秦始皇驾崩、安史之乱、崇祯皇帝自杀前都有这一天象。汉成帝绥和二年也就是公元前7年，荧惑守心，成帝担心自己驾崩，希望将厄运转移到丞相身上，丞相翟方进被迫自杀，但第二个月，汉成帝还是忽然暴崩，他的昭仪赵氏——也就是赵飞燕的妹妹赵合德也随之自杀。现代天文学已经证明这些都是巧合和误算。

三垣也是中国古人对星空的分区，也就是紫微垣、太微垣、天市垣。北极星及周围其他各星所在的区域，称为紫微垣。在紫微垣外，在星、张、翼、轸四宿以北的星区是太微垣，而在房、心、尾、箕、斗五宿以北的星区是天市垣。故宫（紫禁城）的布局就与天上三垣对应。

十二次也是中国古人很重要的一个天文概念。古人为了说明七曜运行和节气变换，把黄道附近一周天按照由西向东的方向分为相等的十二等份，叫作十二次。十二次的名称和顺序古籍上有不同的记载，一般根据《汉书·律历志》的记载，分别是星纪、玄枵、娵訾、降娄、大梁、实沈、鹑首、鹑火、鹑尾、寿星、大火、析木。二十八星宿大小不一，十二次则是完全平分，每一次分别对应三到四个星宿，其中有的星宿分属于不同的次，比如女宿，主要部分在玄枵，但也有一部分在星纪。

实际上，十二次和十二星座（黄道十二宫）的原理是一样的，只是划分的界限稍有差异。也就是说东西方的古人各自仰望星空，产生了相同的分类方法。如果大致对应的话，星纪等十二次分别对应摩羯、宝瓶、双鱼、白羊、金牛、双子、巨蟹、狮子、处女、天秤、天蝎、人马。这里只是取其大概，这两个体系并不完全重合，稍微准确来说，摩羯宫对应星纪、玄枵两次中的各一部分，而星纪还有一部分对应人马宫，玄枵还有一部分对应宝瓶宫。

· 从一面三国时期的铜镜说起

1978年广西贵港市工农师范广场M3中出土了一面四叶纹瑞兽对凤镜（夔凤镜），近年四川大学考古系王煜教授等人发现，这面三国时期的镜子上不仅有星象图像，还有螃蟹和罐子的图像，经过深入的研究，确定这两个图像代表的正是巨蟹和宝瓶，这进一步证明了王仲殊先生20世纪80年代所研究三国时期吴地夔凤镜（四叶纹对凤镜，主要为佛像夔凤镜）上的螃蟹和瓶子形象为黄道十二宫巨蟹和宝瓶图像的假说。

佛教早期传入中国时，带来了印度和西域的文化知识，其中就包括西方十二星座。上述佛像铜镜中，只有巨蟹和宝瓶的图像。在目前能见到的文献中，十二星座的名称全部出现，最早是隋代高僧那连提耶舍译的《大方等大集经》卷四十二《日藏分中星宿品第八之二》，其中提到八月蝎神、九月射神、十月磨竭之神、十一月水器之神、十二月天鱼之神、正月持羊之神、二月持牛之神、三月双鸟之神、四月蟹神、五月狮子之神、六月天女之神、七月秤量之神。

到唐代，随着密宗传入长安，十二星座开始风行。例如不空大师译出的《文殊菩萨宿曜经》中，分别称之为第一羊宫、第二牛宫、第三男女宫、第四蟹宫、第五狮子宫、第六女宫、第七秤宫、第八蝎宫、第九弓宫、第十摩羯宫、第十一瓶宫、第十二鱼宫，这部经中记载了利用七曜、二十七宿（之所以少了一宿，是因为牛宿不参与，大概和印度尊敬牛有关）和黄道十二宫等星体的运行位置解读吉凶的方法。大致来说，其方法是根据生日确定命宿，然后就可以推断出荣宿、衰宿、安宿、危宿，便可以推出不同时间的吉凶。不空大师所译的《炽盛光佛顶大威德消灾吉祥陀罗尼经》等经典，都与星座相关。1974年西安柴油厂唐墓出土的雕版古梵文印本陀罗尼经咒中，残存天秤、巨蟹、天蝎三宫图像。

· 炽盛光佛与十二星座

在唐宋时期，中国佛教盛行炽盛光佛信仰。炽盛光佛与金木水火土五星、十二星座、二十八星宿等相互联系，大致是诸星曜异动，能致人罹患灾祸，而炽盛光佛所传的咒语则专司禳解灾难，"若有国王及诸大臣所居之处及诸国界，或被五星陵逼，罗睺、彗孛、妖星，照临所属本命宫宿及诸星位，或临帝座于国于家及分野处，陵逼之时，或退或进，作诸障难者，但于清净处置立道场，念此陀罗尼一百八遍或一千遍，若一日、二日、三日，乃至七日，依法修饰坛场，至心受持读诵，一切灾难，皆悉消灭，不能为害；若太白、火星入于南斗，于国于家及分野处，作诸障难者，于一忿怒像前，画彼设都噜形，厉声念此陀罗尼加持，其灾即除"。在敦煌石窟中就发现了不少炽盛光佛的图像，其中大都与五星等星辰相关。其中一幅唐代炽盛光佛并五星图绢画上有题记："乾宁四年（897）正月八日炽盛光佛并五星，弟子张淮兴画表庆光。"画面上佛陀乘坐牛车，大放光明，四周有五人分别代表五星：四手持兵器（矢、弓、剑和三叉戟）、戴驴马冠的南方荧惑星（火星），弹弦奏乐、着白色练衣、戴鸟冠的西方太白星（金星），执锡杖、戴牛冠的中宫土星，手持花果、身着青衣、戴猪冠的东方岁星（木星），手执纸笔、戴猿冠的北方辰星（水星）。此图现藏大英博物馆。

炽盛光佛与十二星座"同框"的图像在当时也一度流行，今天我们还能看到实物。2001年，日本奈良县教育委员会事务局文化财保存课编辑发行了《奈良县所在中国古版经调查报告》，其中有一件北宋开宝五年（972）刻本《炽盛光佛顶大威德消灾吉祥陀罗尼经》，根据卷末题记，是"大宋开宝五年岁次壬申四月八日"佛诞日钱昭庆"发心印造《炽盛光经》一藏，散施持颂，所构胜因，乃叙凡恳。伏愿先将巨善上赞严亲，润似海之幅源，益如椿之运数"，这卷佛经的开头有一张精美的版画，中心是佛陀趺坐于牛车所载莲花须弥座上说法，周围是两位侍者和十一曜天神，再周围有十二个圆圈，分别绘有十二星座图形，顺时针依次为白羊宫、金牛宫、双子宫、巨蟹宫、狮子宫、室女宫、天蝎宫、天秤宫、人马宫、摩羯宫、宝瓶宫、双鱼宫（天蝎宫、天秤宫的位置似乎画反了）。在十二宫再外面一圈，则是二十八星宿的图像。

与炽盛光佛相关的佛教经典，最有影响的是唐不空所译《佛说炽盛光大威德消灾吉祥陀罗尼经》一卷，也叫作《大威德消灾吉祥陀罗尼经》《消灾吉祥经》或《消灾经》，其同本异译有佚名所译《佛说大威德金轮佛顶炽盛光如来消除一切灾难陀罗尼经》一卷，此外还有唐金俱吒译《七曜攘灾决》，一行编《梵天火罗九曜》等。宋代遵式法师撰有《炽盛光道场念诵仪》，内容是炽盛光佛顶法的坛场及念诵法。在其他传世文献中也可以看到炽盛光佛信仰的流行，孟元老《东京梦华录》中记载，当时首都汴梁（今河南开封）的大相国寺，就有炽盛光佛降服九曜图像。根据宋郭若虚《图画见闻志》

的记载，相国寺中的图像出自高益之手。《蜀中广记》则记载四川成都寿宁院，佛殿内四壁画炽盛光九曜图，是五代宋初著名画家孙知微的手笔。洪迈《夷坚甲志》卷七中记载有一个"炽盛光咒"的故事，大致是说有个叫曹毂的瑞安人，家中祖传疾病，都会早死，他念诵炽盛光咒，"一日读最多至万遍，觉三虫自身出，二在项背，一在腹上。周匝急行，如走避之状"，随着三虫消失，他的家族病也自然痊愈。这个故事虽然离奇，但说明当时这一信仰的普及。据南宋志磐《佛祖统纪》记载，宋理宗淳祐十一年（1251），曾为皇女延昌公主举行炽盛光忏法。

炽盛光信仰的影响范围很大，不仅北方石窟中有大量壁画、帛画，南方也有造像留存，比如杭州灵隐寺飞来峰第37龛、重庆大足石刻第39龛（五代造像）与169龛（北宋造像）等。大概到明朝初年，炽盛光佛信仰慢慢式微，乃至逐渐消失。这种东西交融的民间信仰，却成为中国历史上一个有趣的现象。

中国唐宋以后三教融合，很多神灵在佛教和道教中有都有供奉，宋代以后，道教也从佛教吸收了十二星座，分别称为尊神，根据宋代蒋叔舆《无上黄箓大斋立成仪》及吕元素《道门定制》，分别是天秤宫尊神、天蝎宫尊神、人马宫尊神、磨竭宫尊神、双鱼宫尊神、宝瓶宫尊神、白羊宫尊神、金牛宫尊神、阴阳宫尊神、巨蟹宫尊神、狮子宫尊神、双女宫尊神。

· 苏轼说自己倒霉是因为摩羯？

《东坡志林》卷一有一段很有趣的文字，苏轼说："退之诗云：'我生之辰，月宿南斗。'乃知退之磨蝎为身宫，而仆乃以磨蝎为命，平生多得谤誉，殆是同病也。"如果简单地理解，那就是苏轼觉得自己以摩羯为命宫，和唐代韩愈以摩羯为身宫相似，都特别容易招惹口舌。

我们今天说一个人是摩羯座，他的生日就是在12月22日到次年的1月19日，苏东坡出生于宋仁宗景祐三年十二月十九日，换算过来是1037年1月8日，恰好是摩羯座。不过需要注意的是，苏东坡这里说的"以磨蝎为命"，并不是说他自己觉得自己是摩羯座，出生日期简单对应星座是现代人的思维。苏轼确实觉得自己的命宫是摩羯，但他不是拿自己的出生日期简单查出来的，而是用自己出生的月份和出生的时辰算出来的，所以他说自己是摩羯，和我们今天拿他生日对应出来是摩羯，结果一样，这其实只是一个巧合。他如果晚出生两个小时，他的命宫就会变成水瓶。

古人所理解的命宫，有一套自己的推算方法，也就是所

唐 梁令 《五星二十八宿神形图》

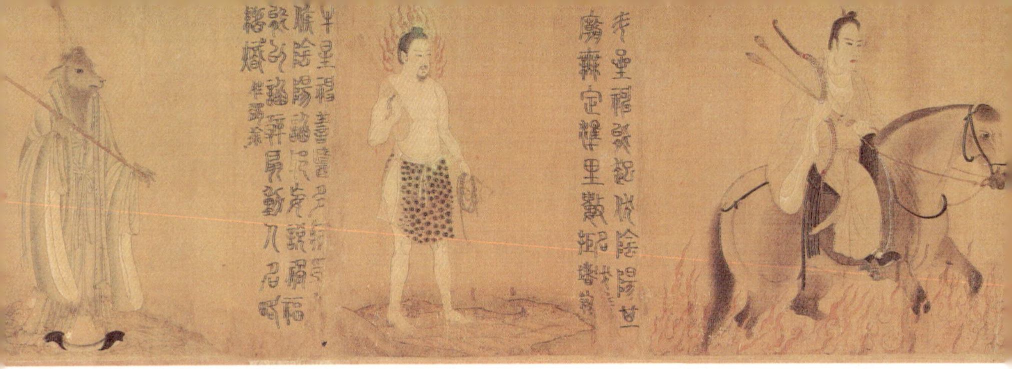

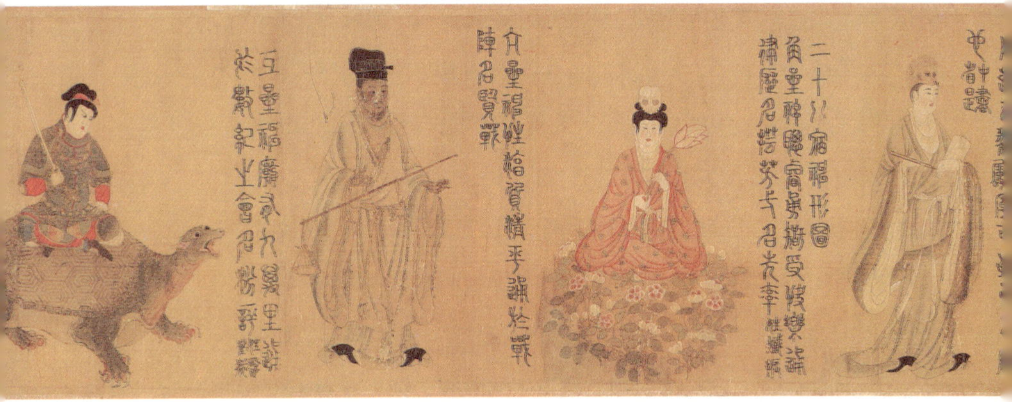

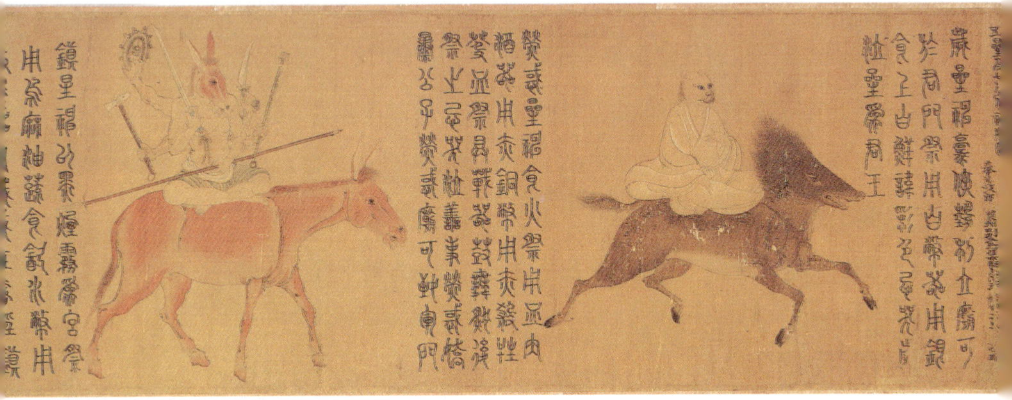

谓的五星法，《张果星宗》中说："凡看五星之法，须是排定太阳，以生时加在太阳度上，则知安命在何宫，方为端的，须是以度主为要，宫主次之……安命以太阳度为主，以生时加于上，顺数本人生时，逢卯止，即为命宫，是何宫主也。"太阳度正月为子，依次类推，十二月为丑。清代国学大师俞樾《游艺录》中就直接说："凡欲求命宫，先从子上起正月，逆行十二辰。乃将所生之时，加于所生之月，顺行十二位。逢卯即命宫。"我们以苏轼为例，我们先要知道他出生的月份十二月太阳度为丑，出生的时辰是卯时（这个时辰其实是根据他的命宫倒推出来的，但在这里我们为了举例推算命宫，权且认为我们已经提前知道他出生的时辰。宋代就有不少人用五星法算过苏轼出生的时辰）。逆着排列十二月，再将卯转动到丑，这时候就得到了他的命宫为丑（摩羯）。苏轼的例子非常特殊，因为他恰好是卯时出生，所以计算起来格外简单（卯时出生的人，月份对应的星座就是他的命宫）。五星法中命宫的计算，关键在于出生的月份和时辰，最后所得到的命宫，说白了其实就是出生之时，正东方地平线上升起的星座。

所谓的身宫是另一个概念，《张果星宗》中说"月躔某度，即身之度主也"，实际上就是月亮所在的星座。韩愈出生的月日不清楚，但苏轼看到韩愈自称出生时"我生之辰，月宿南斗",也就是月躔于斗,对应的就是摩羯。这并不意味着韩愈是摩羯座,网络上有人误读了苏轼这段文字,先是误以为苏轼自称摩羯座,又误以为苏轼认为韩愈是摩羯座,由此尝试推算韩愈的生日,其实完全是现代人的惯性思维,得到的结论自然也是完全错误的。

确定命宫之后,可以依次逆推出第二财帛宫、第三兄弟宫、第四田宅宫、第五男女宫、第六奴仆宫、第七妻妾宫、

元刻本《事林广记》中十二星座分野图

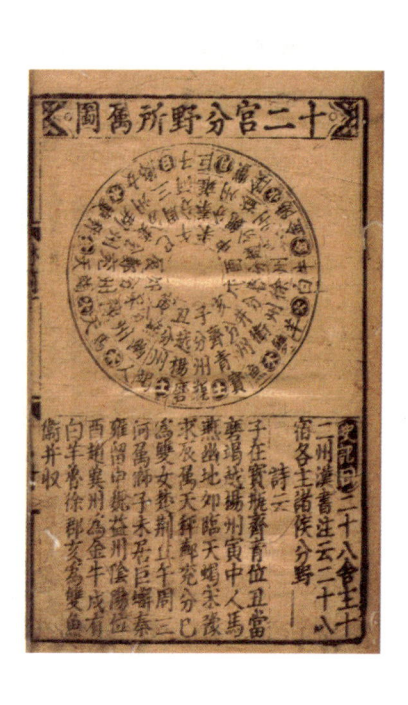

第八病厄宫、第九迁移宫、第十官禄宫、第十一福德宫、第十二相貌宫，就可以分别占卜相关事项的吉凶变化。当然后续引入十一曜后还有许多变化，但与本文的主题无关，这里就不展开介绍了。古代关于占星的集大成之作是明代万民英所编的《星学大成》，对相关内容有学术兴趣的可以参考。虽然占卜之术并无科学依据，但因为古人往往深信不疑，了解一些相关知识对理解古代材料很有帮助。宋代特别推崇占星，宋高宗自己就善于推算，经常抱怨自己奴仆宫位置不好，尤其是当他觉得自己的臣子有负圣恩的时候。南宋叶绍翁《四朝闻见录》乙集"高宗知命"条说："高宗自能推步星命。或臣下不能始终仰副圣眷，则曰：'吾奴仆宫星陷故也。'"后来有人写诗嘲讽他："坚壁长城慕勇功，中兴想望野人同。医身医国皆司命，星陷无如奴仆宫。"

· 古人的世界里，城市也有星座

中国古人把天上的星象和地上的区位对应起来，这就是所谓的分野，一般是用二十八星宿或者十二次。《滕王阁序》里的"星分翼轸"，就是说南昌所在的地方是翼、轸两星宿的分野。但是到了宋代以后，中西文化有了一次奇妙融合，人们用十二星座来分野。在南宋末年陈元靓编写的《事林广记》中，就记载有十二宫分野所属图和诗，诗云：子在宝瓶齐青位，丑当磨竭越杨州。寅中人马燕幽地，卯临天蝎宋豫求。辰属天秤郑兖分，巳为双女楚荆丘。午周三河属狮子，未居巨蟹秦雍留。申魏益州阴阳位，酉赵冀州为金牛。戌有白羊鲁徐郡，亥为双鱼卫并收。

我们结合其他材料，将其整理出来，便如下图：

星座	现代名称	古代其他文献中的别称	分野	地支
宝瓶	水瓶	瓶、宝瓶、水器	齐、青	子
磨竭	摩羯	摩羯、磨竭、摩羯鱼、磨蝎	越、杨（扬）	丑
人马	射手、人马	弓、弓马、射	燕、幽	寅
天蝎	天蝎	蝎、虿、天蝎、天蠍	宋、豫	卯
天秤	天秤	秤、天称、天枰、称量	郑、兖	辰
双女	处女、室女	女、童女、双、天女	楚、荆	巳
狮子	狮子	师子	周三河	午
巨蟹	巨蟹	蟹	秦、雍	未
阴阳	双子	婬、男女、仪、女、双鸟	魏、益	申
金牛	金牛	牛、天牛、持牛	赵、冀	酉
白羊	白羊	羊、天羊、持羊	鲁、徐	戌
双鱼	双鱼	鱼、天鱼	卫、并	亥

比如南京所在的区域，古代属于扬州，对应摩羯座；北京所在的地方，古代属于燕地，就对应人马座（射手座）；再如山西太原，古代属于并州，对应双鱼座。

反诈骗简史

"我无尔诈，尔无我虞"

自古以来江湖险恶、波诡云谲，纵观历史，尔虞我诈随时可见。我们今天日常生活中常见的诈骗类型，在古代也样样俱全，手段类似。这让人感慨，虽然骗局话术随时翻新，技术手段"与时俱进"，但其核心套路，实际上古已有之。可惜的是前人的血泪教训，往往难以阻挡后人飞蛾扑火。难怪黑格尔会感叹，人类从历史中学到的唯一教训，就是人类无法从历史中学到任何教训。

在没有"反诈骗App"的年代里，古人如何反诈？

· 先秦的欺骗往事

先秦传世文献中和诈骗稍微有关的最早记载是在《尚

书·费誓》，费是个地名，在今天山东费县西北。这是鲁公伯禽（他是周公之子、周武王之侄、周文王之孙）出征前发布的誓师词，其中提到"无敢寇攘，逾垣墙，窃马牛，诱臣妾，汝则有常刑"，大概意思是说不许抢夺掠取，如果你们翻越围墙，偷盗马牛，诱骗随军出征的男女奴隶，就要受到法律的惩罚。但这种诱骗和我们今天理解的诈骗还是有很大的不同。《左传》中也有大量将人诱骗来杀掉的故事，更多是政治斗争中的欺骗，大概政治斗争中最重要的事情就是欺骗和反欺骗，所以《左传·宣公十五年》中楚国和宋国的盟约内容就是"我无尔诈，尔无我虞"，我不骗你，你也不骗我。可惜后人删除了原文里这个"无"字，单单把"尔虞我诈"作为一个成语，可见诚实之稀缺，诈伪之横行。

先秦还有很多和欺骗有关的故事，比如我们熟悉的周幽王烽火戏诸侯，但大都和诈骗无关。要说和诈骗最接近的，可能是《庄子·齐物论》里提到的一个老头，不过他骗的不是人，而是一群猴子。"狙公赋芧，曰：'朝三而暮四。'众狙皆怒。曰：'然则朝四而暮三。'众狙皆悦。名实未亏而喜怒为用，亦因是也。"这个狙公养了很多猕猴，眼看粮食不够吃，就去跟猴子商量，以后早上给你们吃三颗芧（栎树的果子），晚上吃四颗。猴子听了群情激愤，大为愤怒。于是狙公改换话术，说要不早上四颗，晚上三颗，猴子听了大为开心。

明 仇英 《清明上河图》（局部）

我们说欺诈，往往是骗取对方的财物，这和生活中普通的欺骗不同，和政治上的尔虞我诈也不同，所以因为流传下来的先秦材料对普通人日常生活描写不多，先秦的诈骗和反诈骗材料比较少见。

· 唐宋那些诈骗类型

宋代市井中各种诈骗层出不穷，按照南宋周密《武林旧事》中的分类，有白日贼、美人局、柜坊赌局和水功德局。除了这些市井诈骗，在政治人物里还有政治诈骗。为了防止这些骗子、窃贼，"故尹京政先弹压，必得精悍钩距、长于才术者乃可。都辖一房，有都辖使臣总辖供申院长，以至厢巡地分头项火下凡数千人，专以缉捕为职。其间雄驵有声者，往往皆出群盗。而内司又有海巡八厢以察之"。南宋时临安的缉捕警察，便有数千人之多。

白日贼就是售卖假货以及在买卖中偷换货物。《东京梦华录》里记载北宋晚期市场非常繁荣，其中专门有一种人"向晚，卖河娄头面"，这个"河娄"就是当时市面上的黑话，专指假货。《武林旧事》记载当时白日贼，"卖买物货，以伪易真，至以纸为衣，铜铅为金银，土木为香药，变换如神"，你当面看到的是真的，转眼到手就变成了假货，靠的是"专业"手法。这种人大概不仅仅是卖家，也可能是买家。这算是诈骗和偷窃的结合，怪不得得了一个"贼"的称呼。

　　美人局就是靠美色行骗，《武林旧事》中的描述是："以娼优为姬妾，诱引少年为事。"柜坊赌局就是"以博戏、关扑、结党手法骗钱"。水功德局就是"以求官、觅举、恩泽、迁转、讼事、交易等为名，假借声势，脱漏财物，不一而足"。

　　明朝人李濂撰写的《汴京勼异记》中有个小说故事，故事设定在北宋宣和年间。这个故事虽然是虚构的，但也有现实的原型，而且它是美色骗局和赌博骗局的巧妙结合，可以拿来作为一个有趣的例子。江苏人沈将到都城汴京去做官，"携金数万，肆意为欢"，还结识了郑、李两位朋友，一起寻欢作乐，半年时间玩遍了汴京的歌楼酒场，后来又寻思去郊游寻欢。结果在两位朋友的引导下，来到一个退休老官员的家里，在这里发现这老官员家里有七八个美貌的妙龄姬妾，正瞒着老头在那玩赌博游戏。沈将看得心痒，郑、李两位好朋友似乎明白他心里想什么，上去就是一番引荐，沈将也展示出自己的豪情，拿起其中一位美女的一大杯酒一饮而尽，这才被美女们接纳，一起饮酒赌博。沈将的赌运极佳，每次都赢，赢了大概一千两，把美女们的钗珥首饰赢得一干二净。郑、李两位好朋友也适时劝他见好就收，只是让他喝酒。结果有个年纪最小输得最惨的美女，说要孤注一掷，其他美女劝她，她就是不听，沈将也只好跟她再赌一把，结果这一把就输了，不仅将前面赢的都退回去了，还输了两千多两。沈将手里还有点银子，准备再接再厉，忽然那老官员醒了，各位美女连忙去伺候，只剩下沈将和郑、李两位好朋友在那里喝酒。第二天早上老官员来送行，约定过几天再来玩。沈将回家休息了几天，准备又去老官员家，找两个好朋友，他们正好都不在，沈将就自己一个人跑到郊外老官员家，发现那里早已人去楼空。问了问邻居，邻居觉得他智力有障碍，说这里根本就没有什么老官员，前阵子倒是有几个恶少带着一堆妓女在这里饮酒赌博。沈将这才明白自己上了当。这个故事是个小说，后面我们还会聊到唐宋时期的真实案例和判决。

政治诈骗的例子也不少。著名的安史之乱，主要的人物自然就是安禄山与史思明，史思明就是靠着诈骗起家，他年轻的时候名字叫史崒干（这个史不是汉族的姓，而是和西域一个叫史国的国家有关），他因为逃债逃到奚人（在内蒙古通辽一带）的领地，被奚人的巡查兵抓获，他就胡说八道："我是唐朝的使节，杀了我你们也大祸临头，不如带我去见奚王。"巡查兵信以为真，把他送到奚王牙帐，他摆出一副大国使节的派头，不肯行礼，奚王气得咬牙切齿，但碍于大唐天威，只能容忍，还以客卿之礼好生招待，并且准备派几百人跟他去大唐朝觐。史崒干就蛊惑他说，你送去的人虽然多，但都是寻常浅薄之人，我听说你手下最厉害的将领是琐高，何不让他担任出使大任。于是史崒干带着琐高和三百人大摇大摆往长安方向走，快到平卢（今辽宁朝阳）时，他派人通知了唐军将领裴休子，让他准备先下手，在平卢客舍，把三百个随从都杀了，把琐高押送到了幽州。因为这一功绩，他先是被封为果毅都尉，后来又青云直上，当上了大将军。在面见唐玄宗的时候，被赐名史思明。

· 唐宋市井诈骗中的美人局

叶绍翁《四朝闻见录》中记载了一段往事。宋高宗时，吴皇后的弟弟吴益遇到一个来自关西的下棋高手，找来国手跟他对弈，国手都成了他的手下败将。吴益有一次陪宋高宗下棋，提到了这个人，高宗也来了兴致，第二天让这位高手来御前面见。这对一个身怀绝技的底层棋手来说当然是翻身的大好机会，但是就在这天晚上，国手请这位关西高手喝酒，席间请出一位绝色美女，跟高手说："此吾女也，我今用妻尔，但来日于御前饶我第一局，我第二局却又饶尔。我与尔永为翁婿，都在御前。不信吾说，吾岂以女轻许人？"我把我这个女儿嫁给你，我们做翁婿。明天下棋，第一局你让我赢，第二局我让你赢，我们都可以成为御前国手，岂不美哉？这个关西高手性子朴直，信以为真。第二天御前下棋，宋高宗和吴益亲自来看，他真的在第一局就让给了国手，宋高宗看了，拂衣而起，说："终是外道人，如何敌得国手？"也不再看第二局了。等关西高手出了皇宫，才知道被骗。那个美女也根本不是国手的女儿，不过是请来的妓女而已。关西高手最终"郁闷不食而死"。

清代徐士銮编写了一部十二卷本的《宋艳》，广泛收集了宋代史料中的婢妾倡伎之事，分为三十六类，可以看到不少宋代女性相关的故事。其中引用程洵《尊德性斋小集》的一个故事，比较独特。有个良家女孩子被一个不良中介卖给了娼家，人们听说这件事都愤愤不平，有位叫滕洙的学者，挺身而出，决定自己出钱将女孩子赎回。娼家表面允诺，但私下准备带女孩跑路，被滕洙识破，报官将其拦下。娼家又联手那个不良中介，伪造了买卖的契约，把当时买女孩的价格翻高了好几倍，试图用这种方式让滕洙罢休。滕洙钱不够，正好他的长子中了贡士，他就把当地官员富绅送来鹿鸣宴的钱，拿去赎回了女孩，把她送回家中。人人都称赞他的德义。这个记载里，娼家和不良中介也算是一种诈骗。

·宋代市井诈骗中的水功德局

"以求官、觅举、恩泽、迁转、讼事、交易等为名，假借声势，脱漏财物，不一而足"的水功德局，在宋代尤其多见。

《宋史》里记录了一个当时的真实事件，"富人子张锐，少孤弱。同里车氏，规取其财，乃取锐父弃妾他姓子养之，比长，使自诉，阴赇吏为助。州断使归张氏，锐莫敢辨。既同居逾年，车即导令求析居"。这个姓车的，为了谋夺富人张锐家的财产，就去找到了和张锐父亲离婚改嫁了的一个妾，这个妾跟别人生了一个孩子，车氏把这个孩子接到自己家里养，然后让他去告张锐，说自己是张锐的弟弟，现在要认祖归宗返回张家。车氏买通了衙门的官员，后来真的判决这个所谓的弟弟回归张家。这是第一步。第二步则是过了一年多，车氏就指示这个孩子要求分家，夺取张家一半的家产。好在张锐运气好，这地方换了一个官员陈元瑜，"元瑜察知，穷治得奸状，黥车窜之。人伏其明"，陈元瑜访查到了真相，把车氏黥面流放。

周密《齐东野语》中记载当时湖州的一个事件，算是一个标准的水功德局，不过这个局最终没有做起来。当地有个姓莫的富翁，晚年时候忽然有个婢女怀了他的孩子，老头害怕善妒的妻子，又觉得自己年纪太大，会被人嘲笑，就干脆隐瞒了这件事，把这个婢女遣嫁给了一个卖粉羹的。婢女很快生了个男孩，老富翁每年偷偷送钱送物。孩子长大了，就跟着名义上的父亲在街上卖粉羹，孩子长到十来岁，这个老富翁突然一命呜呼了。这时候街上有些恶棍，觉得这孩子奇货可居，准备好好做局去讹诈莫家。重情重义的婢女还在为老头抹眼泪，这群恶棍劈头盖脸就说："你马上大富大贵了，还哭个什么？"婢女还在纳闷，这群人说你儿子就是莫家的儿子，必须要去分家产，他们不愿意我们就一直告一直闹。婢女说他确实是莫家的孩子，分一些家产也应该，但是我也没有什么钱，哪能去告官呢？这群恶棍马上说没事没事，我们会借给你的，在这个借贷合同上签个字，我们帮你来运作，事成之后再还给我们。他们实际上也没有出钱，拿件孝服给这个小孩子身上一套，给他教授诀窍："你去了灵堂啥话别说，就大哭大拜，结束了赶紧出来。别人问话也不要回答。我们躲在他家门口，你一出来我们就一起去告官，非得让他们家破产。"小孩子按照吩咐去哭丧，莫家老太太气得要死，让人赶紧把这孩子打出去，但莫家的大儿子是个聪明人，连忙上前说，千万不能这么干，不然我们家离破产也就不远了。他反其道而行之，上去一把抱住这个小孩，说你不就是花楼桥那个卖粉羹家的小孩吗？来来来，这里其实都是你的亲戚，这是你的母亲，我是你的大哥，这边还有你的嫂子，你的二哥二嫂，指着所有的家人让他拜见了个遍，小孩准备走，大哥抓着他说，你是我的弟弟，正应该在这里守孝，怎么能走呢？赶紧让人给他洗澡换衣服，让他和各位兄弟在一起生活。那几个恶棍在门口等了半天不见有动静，又在对面茶馆喝了半天茶，也不见小孩来找他们，一打听，莫家居然已经认了这个孩子，这个局做不起来了，他们只能垂头丧气地离开。

·唐宋的反诈骗法律

古代法律中关于诈骗的条文,最早出现是在战国初年,李悝担任魏文侯相,主持改革,他"集诸国刑典,造法经六篇",分别是《盗法》《贼法》《囚法》《捕法》《杂法》《具法》,其中《盗法》《贼法》就包含着反诈骗的内容。商鞅在秦国变法时,继承了李悝的法律,也是这六篇,他的一大改变是,李悝称为法,商鞅称为律,这一称呼影响了后世两千多年。到了汉代萧何创制《九章律》,所谓的"九章",就是在《商鞅律》六篇的基础上,再加上"户""兴""厩"三篇。在《九章律》的基础上,叔孙通又增加《傍章》十八篇,张汤制定《越宫律》二十七篇,赵禹制定《朝律》六篇,这样《汉律》一共就有六十篇。到了魏,根据汉律,删减成为新律十八篇。其中贼律中有关欺谩、诈伪、逾封、矫制的内容被分为诈伪律。这些法律条文都已经失传,只能根据古人的零星描述知道大概,条文细节就无从知晓了。

隋朝法律共十二类,分别是:一名例,二卫禁,三职制,四户婚,五厩库,六擅兴,七盗贼,八斗讼,九诈伪,十杂律,十一捕亡,十二断狱,共五百条。《唐律》基本上延续了《隋律》,也分为这十二部分。唐高宗时期,命长孙无忌等偕律学之士,为《唐律》撰义疏,这就是《唐律疏议》,是我国历史上保留下来的一部最早、最完整的法典和注疏。

《唐律》中的诈伪律中，有一条是关于诈骗的："诸诈欺官私以取财物者，准盗论。"注说："诈欺百端，皆是。若监主诈取者，自从盗法；未得者，减二等。"也就是所有的诈骗，都一律按照盗论。盗取不同物品以至于贩卖人口，在《唐律》的贼盗律中有比较详细的规定。疏议做了补充："议曰：诈谓诡诳，欺谓诬罔。诈欺官私以取财物者，一准盗法科罪，唯不在除、免、倍赃、加役流之例，罪止流三千里。

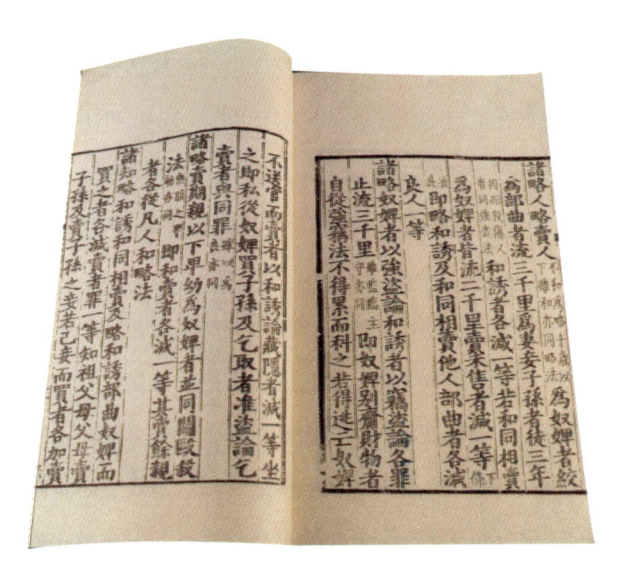

《唐律疏议》 1979年上海古籍出版社影印本

注云'诈欺百端,皆是',谓诈欺之状,不止一途。'若监主诈取',谓监临主守诈取所监临主守之物,自从盗法,加凡盗二等,有官者除名。'未得者,减二等',谓已设诈端,诬罔规财物,犹未得者,皆准赃,减罪二等。其非监主,诈欺未得者,自从'盗不得财'之法"。

《宋刑统》中也有类似规定:"诈欺官私取财、妄认良贱、诈除去死免官户奴婢、诸诈欺官私以取财物者,准盗论。诈欺百端,皆是。若监主诈取者,自从盗法,未得者,减二等。"

但是读这样的法律条文,我们很难有直观的感受,尤其是无法了解到一些相关案件的审理细节。好在当年案件的一些判词流传至今,让我们可以看到一些诈骗案件的来龙去脉。

· 南宋《名公书判清明集》与诈骗案件审判

《名公书判清明集》是一部颇有些传奇色彩的书。所谓的书判,就是审判的判决书。这本书搜罗了南宋一些知名官员对各类案件审判的判词,编者不详,大概是给新上任的官员使用的参考书,就好像我们小的时候学写作文时,用来参考的《优秀作文大全》之类的书籍。这个书一直被认为是失传了,只有宋刻本的一点残页流传,原本是静嘉堂旧藏,后来流入日本，一直被日本宋史研究者视为珍宝。到了20世纪80年代，人们忽然发现上海图书馆里收藏了一个明代刻的十四卷全本，一时之间在全球宋史研究界掀起了一股"《名公书判清明集》研究"的热潮，持续至今。

先来看一个在市场上买到假药的案例。胡颖（字叔献，号石壁）在市场上一个叫李百五的手里买了一两中药芣澄茄，一共购买六份，每份重量为一钱六分，回来就发现不对。这个李百五运气也是不好，遇上胡颖这个判案大佬，在《名公书判清明集》里他的判词有七十多篇。经过审问，李百五承认"不特陈腐细碎，而草梗复居其三之一"，里面的三成就是草梗，剩下的也是垃圾货色，他的结局是被判杖刑六十，在药铺前枷项示众三日，回家还要好好读《宋清传》。《宋清传》是唐代柳宗元写长安一个轻财好义的商人宋清的文章。

再来看看吴势卿（字安道，号雨岩）对宗室赵若陋的一段判词："赵若陋者，专置哗局，把持饶州一州公事，与胥吏为党伍，以恶少为爪牙，以至开柜坊，霸娼妓，骗胁欺诈，无所不有。然亦官司有以纵之，今不暇尽述其过恶。"这段判决的大意是说，赵若陋设置哗局，把持饶州全境的案件，与官府胥吏结党营私，以恶行少年为爪牙，开设柜坊赌场，霸占娼妓，诱骗胁迫欺诈，无恶不作。所谓的哗局，就类似前面提到的水功德局，甚至成为把持行市、为非作歹的组织。

判词里还提到，这个赵若陋设计胁迫欺诈一个叫鲁海的人，以至于让对方死于非命，因为官吏说情，所得判罚不过竹篦三十。鲁海的家人艾氏手执灵幡申冤，官府准备追究期间，赵若陋又提前知悉，逃亡不见。吴势卿决定呈报尚书省及宗司，把他押送外宗拘禁监管。这是因为他是赵氏宗室，至于他手下爪牙，则严加惩治，一人决脊杖十三，补充军额押回原发配之地（此人本已发配，系逃回之人），一人追加杖刑一百，押送邻州编管。其他人等待官府查实罪行后追加刺配之刑。

官至宰相的蔡杭（字仲节，号久轩），也曾判决过一个设置哗局的案子："哗徒张梦高，乃吏人金眉之子，冒姓张氏，承吏奸之故习，专以哗讦欺诈为生。始则招诱诸县投词人户，停泊在家，撰造公事。中则行赇公吏，请嘱官员，或打话倡楼，或过度茶肆，一罐可入，百计经营，白昼攫金，略无忌惮。及其后也，有重财，有厚力，出入州郡，颐指胥徒，少不如意，即唆使无赖，上经台部，威成势立，莫敢谁何。"这个张梦高，日常就靠喧嚣攻讦欺诈钱财为生。早期的时候，他招徕各县告状的民户，收留在家中，捏造案件，以此牟利。再后来则是行贿官府的胥吏，买通官员，或经营妓院，或开设茶馆，一旦发现有空隙可趁，就要千方百计钻营，以至于光天化日盗劫财物，肆无忌惮。后来财力雄厚了，便出入衙门，指使官员，稍有不如所愿，就唆使地痞无赖，越级到御史台诬告，气焰嚣张，无人奈何。在蔡杭的坚持下，此人被脊杖十五，刺面发配于台州牢城。

　　前文提到的柜坊赌局就是赌博诈骗，《名公书判清明集》里最经典的一个诈骗案子就是一个赌博骗局，也是由蔡杭审理的。衢州有个叫支乙的，老婆阿王是娼家之女，他在衢州南市开了一个茶铺，二楼其实就是私设的赌场，平时用自己老婆作为诱饵，骗人来赌，陆续聚集了徐庆三、何曾一、王寿、余济等人，形成一个诈骗之徒的聚集窝点。有一天，他们把一个叫陆震龙的骗来赌博，期间陆续赶来的支乙的同伙有十多人。其中余济可以把两个骰子都掷出六点，靠着余济的作弊手法，很快就让陆震龙输掉了旧会（当时的纸币）二百五十贯。到二更天，陆震龙回家拿来一百五十六贯，和余济、支乙赌博，很快陆震龙带来的钱又输光了，这个时候他已经欲罢不能，典当了自己的汗衫褐袄，折合三十五贯，很快全部赌输，还欠二十贯，他又脱了身穿的皂褙做抵押。陆震龙前后被余济、留仍孙、杨排军、陈逞、章千五、郑厨司等人共骗赢四百五十一贯。后来深夜要回家，连衣服都没有。这些人又对他进行各种恐吓，让他尽快还钱。陆震龙觉得生无可恋，回家向父亲哭诉被余济等人诈骗去钱财的经过后，在家中上吊自杀。

蔡杭的判决书评价陆震龙的死因："夫药骰子骗人，出于一人之手，而众人为之犄角，今余济等数辈，各能留五留六靠掷，欺骗赢钱，则与用药骰子何异。陆震龙欲不输，得乎？输钱既多，无所措画，欲不死，得乎？财者民之膏血，膏血既竭，身岂能存，是支乙、余济等虽不杀之，势实致之死地。"最后的判决是：余济决脊杖十二，编管一千里，其花钱买来的将仕郎的官衔被撤销。支乙以其妻为诱饵，合谋欺骗，判杖刑一百，编管邻州。留仍孙决竹篦二十，押往州县一年用钱赎罪。郑厨司、杨排军各责杖刑八十，降级移送外寨。

· 明代的反诈骗教科书《杜骗新书》

要论中国古代反诈骗的百科全书，首推明代万历年间张应俞创作的《杜骗新书》，这部书也叫《骗经》《防骗经》，通过八十四个案例，把常见的江湖骗局分为二十四类，分别是脱剥骗、丢包骗、换银骗、诈哄骗、伪交骗、牙行骗、引赌骗、露财骗、谋财骗、盗劫骗、抢劫骗、在船骗、诗词骗、假银骗、衙役骗、婚娶骗、奸情骗、夫人骗、拐带骗、买学骗、僧道骗、炼丹骗、法术骗、引嫖骗，基本上可以顾名思义。书中还通过作者按语的形式，分别结合案例进行了讨论。

今天依旧流行的各种诈骗手法，大部分都可以从中找到原型。书中的骗子被称为光棍，简称为棍。这是元代以来对地痞流氓的通用称呼，清代雍正皇帝在他著名的《大义觉迷录》中记录和曾静的辩论，主张反清复明的曾静曾嘲讽周朝以后皇帝都是光棍，雍正怒斥："周末局变之后，皇帝皆系光棍，则明太祖亦在光棍之列。曾静不但是本朝之叛臣贼子，亦即

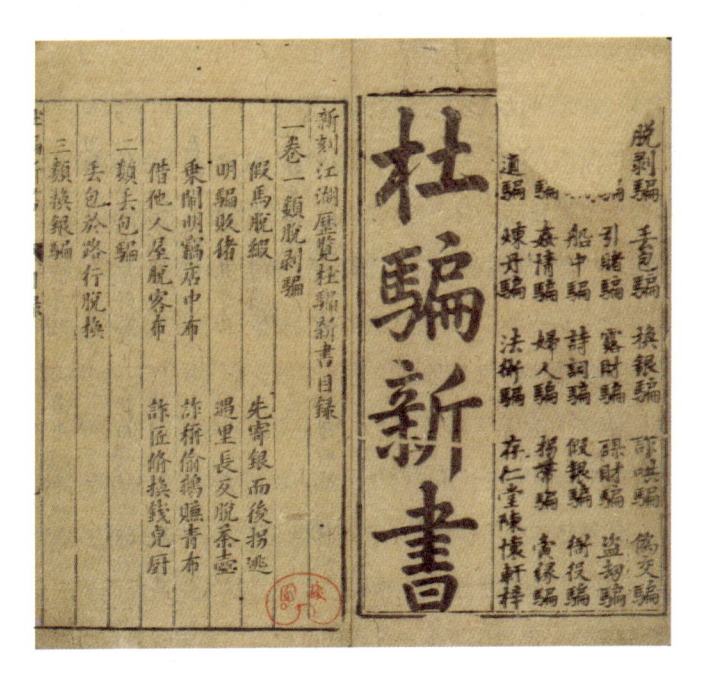

《杜骗新书》书影

是明之叛臣贼子。"

我们来看《杜骗新书》中一些奇葩的诈骗相关的案例。明代福建长源来了个游方道士，直接说自己是来自地府的无常。地狱有黑无常、白无常，而他则是一个活无常，跟黑白二位无常一样，负责带着鬼使捉人。这种鬼话正经人当然不会信，但是他有一个法子，就是提前踩点，大致了解了当地人的健康状况，对哪些人有病哪些人近期会死大致有数，然后自己做了一个落款是"阴司"的黄纸，上面写上他瞅准可能会死的人的名字，又写上当地有钱人家一家老小的姓名，半夜在庙里焚化，焚化的时候故意只烧掉没有字的部分，造出黄纸有一部分不小心没有烧完的假象。第二天有人来庙里就看到这没有烧完的黄纸，开始传播这些名字。不久，名单里老弱病残的那些人真的陆续死了，这下名单里年轻力壮的那些人就开始发慌，有些不在名单里的，也怀疑自己的名字是不是在烧掉的那一半黄纸上，纷纷抢着去找这个道士，大家纷纷信任了他就是一个活无常，都被他骗取几十两银子。这个骗局妙在名单上那些年轻力壮的当然大部分不会死，但他们居然认为这是因为他们出钱贿赂了活无常的原因。

有个假和尚路过一个村庄，看见一只牛在舔牧童的脚，显得很是亲热，他好奇一问，牧童告诉他这个牛非常温顺，特别喜欢舔咸的东西。假和尚眼睛一转，计上心来，就跑到这个牛的主人地主家，在门口跪着说"希望你大发慈悲，超度我们母子"，地主听得莫名其妙，连忙请进来，说我也不会讲经说法，怎么会超度别人呢。假和尚说我母亲去世七年，有高人指点，转世成了一头牛，就投胎在你家，我今天就来见她一面。地主听了半信半疑，说我有好几头牛，哪头才是令堂呢？假和尚说我们一起去看看吧，动物也有感情，何况母子情深呢。等地主把牛都放出来，假和尚走到一头牛前面，拿下帽子，牛竟然深情舔舐其头脸，假和尚痛哭流涕，这就是我的母亲啊！然后脱下外套，牛又舔舐他的身子，久久不忍离去。地主看了也很感动，三言两语就被这假和尚把牛牵了去。实际上什么母子情深都是鬼扯，他就是在全身都抹了盐水汁。带着牛走远，假和尚就找了个屠夫宰了牛，一半肉卖给屠夫，得了一两五，一半做成了干粮带在身上继续行骗。

  他拿着牛肉干骗人的办法也是简单粗暴而有效，他瞅准大户人家的长者，去跟对方说我们累世前缘，就好比佛印与苏东坡，现在来点醒你。长者自然不会信，他就说自己可以辟谷不食，每天只喝水，这就是修行有得的明证。长者把他关起来七天，每天就送一瓶热水，七天后开门一看，这假和尚面色红润，于是大为惊服，连忙问如何修行，回复本来面目？假和尚说不如抛妻弃子马上跟我走吧，长者自然舍不得，他就又说，不走也行，捐钱修庙也好。就这样骗了这老先生五百两银子。

　　福建官员洪子巽遇到的骗局也很离谱，他在北京准备纳个妾，媒人引荐无数都不满意。当时有个其他官员妻子崔夫人天姿国色，便有骗子动起脑子来，乘着夫人在寺庙举行法会，把洪子巽骗来看，说你看看这位女性做你的妾可以吗？洪一看，崔夫人容貌秀雅，言行庄重，大为满意。骗子把他带到崔夫人家中喝茶，骗门房说是有官员来访，又有同伙装作这夫人的大伯，来和洪子巽面谈，很快议定礼金多少，又跟他说家里最近有人去世，后面交接就在别的地方吧。然后一来二去就骗了洪子巽四十两礼金，还弄了个假婚书。这俩骗子压根就和崔夫人没有关系，居然就这样把洪子巽给骗了。等洪子巽带着人敲锣打鼓来崔夫人家迎亲，这家人大为震惊，说你们走错门了吧。洪子巽的管家说媒人上次带我们来过，怎么可能认错，不信你们去喊你家大伯来。这家人说什么大伯？我们家没有大伯。这里是崔老爷府上，你们居然也敢造次。洪家管家说就是那个在寺院做法会的女子，分明就在你家，我们有婚书。这家人说，呸，那是我们家主母，乃是朝廷命妇，你哪来的胆子。大家撕扯到官府，才弄清楚这是个骗局。

· 明清的公案小说与反诈骗

《杜骗新书》本身带有小说性质，其中有些故事大概是经过作者的艺术加工，比如其中唐伯虎、祝枝山嫖妓无钱，就去靠诗词骗官府几百两修庙钱之类。这类作品是公案小说中的一类，类似的作品中比较有趣的，还有《律条公案》，全称《新刻海若汤先生汇集古今律条公案》。全书正文七卷，卷首一卷，共四十六则。海若汤先生就是著名的戏曲家汤显祖，这是坊间伪托。书中正文七卷，共分十四类案件，分别为谋害类、强奸类、奸情类、强盗类、窃盗类、淫僧类、除精类、除害类、婚姻类、妒杀类、谋产类、混争类、拐带类、节孝类。每个故事的结构，有叙述、有状词、有诉词、有判词、有撰者按语五部分内容，看起来很像是真实案例，其实有不少是作者的创作。同类的书还有《详刑公案》《详情公案》《海刚峰先生居官公案》之类。一直到清代末期，还有《绘图骗术奇谈》等作品。这些通俗文学不仅以书籍的形式流通，其中的奇葩故事，也被说书人到处宣说，在某种意义上承担了反诈骗宣传的任务。

在明清两代的笔记小说中，也有大量诈骗的描述。比如《聊斋志异》中的《贾儿》《念秧》《局诈》《张氏妇》等骗章，再如《虞初新志》中的《出笼计》、《见闻录》中的《诈骗》、《子不语》中的《炼丹道士》《钉鬼脱逃》《奇骗》《骗人参》、《咫闻录》中的《响马》《佛从土出》《巧骗》等。20世纪90年代，有学者编辑过《清代笔记小说类编·计骗卷》，收入近七十种笔记小说中二百多篇类似的故事，其中大量案例极为生动，有兴趣的读者可以找来阅读。

正如《杜骗新书》的作者张应俞强调，他收集这些诈骗故事，就是为了让读者能够得到警示，免受骗局之害。在这些笔记小说中，作者也经常在按语中表达类似的观点，其中有很多看法，至今值得我们反思。《客窗闲话》的作者吴炽昌在记录了一些骗局故事后，就写道："骗子奇矣，然不过乘人所欲而中之。"又如《道听途说》的作者泾上筠坪老人所写："故欲知作骗者之用人，当先知作骗者之用意。知作骗者之用意，当先知我之被骗者所受病。人能自知其病，其人已不可欺矣。"

后记

行看流水坐看云

1999年9月,西方新文化史的重要人物彼得·伯克应复旦大学、北京大学和南京大学三所高校的邀请来华交流,在这几所学校进行关于新文化史的学术演讲。在南京大学的座谈纪要,以《新文化史学的兴起——与剑桥大学彼得·伯克教授座谈侧记》为题发表在《史学理论研究》2000年第一期。这次学术交流影响深远,意味着新文化史的概念正式进入中国,成为不少中国史学者进入新文化史的路径。后来我在南京大学读书,便在课堂上感受到了新文化史的关照,其中不仅有对新文化史这一研究范式的推崇,也有对新文化史碎片化问题的反思。

最近十多年,新文化史在国内得到越来越多学者的重视,正如二十世纪七八十年代以来,新文化史成为西方史学界转向的重要标志。新文化史的"新",一个重要的方面就是研究对象的转移，不再像传统史学家那样只关注大人物、大事件和宏大叙事，而是将视野从英雄人物转移到普通人，更加关注日常生活和底层群众，重新构建文化在历史中的位置。概念史、身体史、情感史、书籍史、物质文化史、大众文化史等成为受关注的课题。新文化史学者引入人类学的研究视野和文学的书写方式，对群体中的普通个体进行详细研究，重视历史叙事和文化解释，这种研究也可以称之为"微观史学"。

在南京大学的课堂上，我也旁听过社会文化史的课程，侧重于从文化的角度去考察人们的衣食住行和社会风俗。这些课程让我认识到，普通人的日常生活中，也隐藏着文化价值的路径。事实上，中国古代的哲学也认为日常生活、市井百态是道之所在。庄子说道无处不在，在蝼蚁、在稊稗、在瓦甓，也在屎溺；孔子认为道就是"百姓日用而不知"的东西，王阳明提出"不离日用常行内，直造先天未画前"，到了王艮，进一步提出百姓日用即道，认为圣人之道，就在普通百姓的日常生活之中；禅宗也重视"日用不知"，这便是南泉普愿禅师所标举的"平常心"，是南泉的弟子赵州从谂禅师的"吃茶去"，是无门慧开禅师的"春有百花秋有月，夏有凉风冬有雪"，是了庵清欲禅师的"睡起有茶饥有饭，行看流水坐看云"。

虽然我始终没有走上新文化史研究的道路，依旧从事着传统文献学的学习和研究方向，但多年之后，当我在高校任教，有机会开设关于传统文化的通识课、在报纸撰写关于文化简史的专栏，便有意识地分享一些古人日常生活中更加冷僻的细节，一方面希望这些大家平时不关注的"边缘文化史"能增加听课或阅读的趣味，另一反面也确实希望借此来展开古代文化不一样的面向。

这些报纸上的专栏、课堂回答同学提问的记录，在2021年年底整理成《风月同天：古代文化变迁中的细节》一书出版。这部书受到读者欢迎的情况超乎我的想象，不仅入选一些权威榜单的年度优秀畅销书，还很快在我国台湾地区出版了繁体字版，日文版也即将在日本出版。不少读者希望我能再撰写一些类似主题的文章，用"极简史"的方式，分享更多古人生活中的"冷知识"。我与领读文化商议，后续再出版两部同样主题的作品，在更多元的细节中关照历史文化的变迁，最终凑成"风月同天三部曲"，本书便是其中的第二部。因为其中一篇"十二星座简史"讨论苏东坡因为自己是摩羯座而烦恼，编辑根据文化散文集取名的常见方式，将本书的主书名定为《苏东坡的星座》，我也很认同。

书中的选题，很多来自课堂上或者讲座中同学们或读者们的提问，例如关于古人洗澡历史的这篇，起源于我在上海图书馆的一场讲座，听众问我宋代人如何洗澡。关于十二星座的简史，则是在浙江图书馆分享的主题。吃鸭子的简史、大熊猫的简史、戴假发的简史，最初的文字都来自我在学校课堂上回答同学们提问的记录。而冰雪运动简史、烧烤简史之类，则是起源于媒体的采访，是对网络热点新闻的"文化史回应"。我是特别慵懒的人，要特别感谢同学们和读者们的提问，我才会"被迫营业"，不仅在课堂上绞尽脑汁，在课后还要沉入文献，连夜笔耕，在不算长的时间里积累了不少稿子。感谢安意如老师，为了督促我好好写作，承包了我新书的序。书前这篇笔底生花的序言，已经是她为我所写的第三篇序了，而我至今还没能完成请她吃遍南京美食的许诺。感谢领读文化的各位老师，这是我们合作出版的第四部书。还要感谢南京市文联，聘任我担任签约作家，这部书也是南京市文联签约作品成果。

在撰写这些书稿的过程中，我越来越深切地感受到，文化变迁与日常生活，如月照水，如水映月，一月普现一切水，一切水月一月摄。文化符号具象在日常生活的每一处细节，如明月现于一切水，而日常生活中的一举一动，又自受到文化场域潜移默化的影响，正如一切水中之月，摄于空中一月。千江有水千江月，月照千峰为一人。月光与水光，光光相映，流水与明月，水月无碍。

　　限于才力，书中必然还有不少错误，恳请各位读者的批评指正。

2023年盛夏
侯印国于南京小自在宅